Alois Harasko

Bilder aus dem Sudetenland

Über 500 Fotos vom Leben wie es damals war

DÖRFLER
ZEITGESCHICHTE

Genehmigte Lizenzausgabe für „Edition Dörfler" im
Nebel Verlag GmbH, Utting

1 2 3 4 5 4 3 2 1 0

INHALT

VORWORT

Bilder können oft unmittelbarer berichten als Worte; sie haben ein Motiv, sie haben einen Hintergrund, eine Umgebung und eine Stimmung. Wer sie recht betrachtet und deutet, kann in ihnen das Vordergründige in der Verwobenheit mit dem scheinbar Unwesentlichen aufspüren.
In diesem Buch soll zum ersten Male der Versuch unternommen werden, in einer Zusammenschau von mehr als 500 fotografischen Dokumenten den gewöhnlichen Alltag des Lebens der Sudetendeutschen in ihrer Heimat nachzuzeichnen.
Dem Bedeutenden, Typischen und Unverwechselbaren hat sich mit gutem Grunde bereits eine Reihe von Dokumentationen namhafter Autoren verschrieben. Hier aber mögen jene Amateure "zu Wort" kommen, die meist in einfachen Fotoapparaten Situationen ihres eigenen Lebens eingefangen haben und die damit wahrheitsgetreu Erlebnisse "erzählen".
Die vorliegende Auswahl soll in erster Linie meine sudetendeutschen Landsleute und ihre Freunde unterhalten; sie mag aber ihrer Erinnerung auch als Stütze dienen und ihre und ihrer Kinder Verbundenheit mit der Landschaft festigen, die sie ihre Heimat nennen. Heimat bedeutet mehr als nur ein Land, ein Gebiet; zu ihr gehören vor allem auch menschliche Bindungen untereinander, und zu ihr gehören Tradition und Pflege überkommener Kultur. Solange diese Verbundenheit im Bewußtsein lebendig ist, kann die Herkunftslandschaft auch Heimat sein.
Die hier wiedergegebenen Bilder sind meist älter als ein halbes Jahrhundert, dies mag bedacht sein. Sie spiegeln ein Bild des Lebens wider, das sich unweigerlich auch verändert hätte, wenn wir Sudetendeutschen hätten zu Hause bleiben können.
Der Umfang des Buches gebot in mehrfacher Hinsicht Beschränkung. Die Bereiche der Kunst und Wissenschaft, der geschichtlichen Entwicklung und zeitgeschichtlicher Vorgänge z. B. mußten ausgespart werden und können in anderen Editionen nachgeschlagen werden. Der Auswahl lag auch weniger der Maßstab gleichmäßiger landschaftlicher Aufteilung der Herkunftsorte als vielmehr der der Aussagefähigkeit der Bilder zugrunde, die vom Verlag durch Aufrufe in der sudetendeutschen Heimatpresse gesammelt worden waren. Nur in wenigen Fällen habe ich zur Abrundung einzelner Themen Aufnahmen von Berufsfotografen oder aus Archiven herangezogen. Der größte Teil der Fotos stammt aus Familienalben, die nur leihweise für diese Veröffentlichung zur Verfügung gestellt wurden. Viele dieser Originalbilder werden in absehbarer Zeit, wenn sie an die Eigentümer zurückgegeben sind, nie mehr greifbar sein. Sie sollen wenigstens in dieser Dokumentation der interessierten Nachwelt erhalten bleiben. Bei den Bildtexten habe ich mich weitgehend bemüht, meine Phantasie im Zaume zu halten und statt dessen nur die mir bekannten Daten angegeben, um dem Betrachter nicht den eigenen Zugang zu den Bildern zu verstellen.

Mein Dank gilt den Fotografen, die die Vergangenheit zur rechten Zeit festgehalten haben, er gilt den Eigentümern, die die wertvollen Bilddokumente entliehen haben, und er gilt dem Verlag, der die Thematik aufgegriffen und mich zu dieser interpretierenden Auswahl ermutigt hat, die mir Freude bereitete.

Alois Harasko

WO WIR DAHEIM WAREN UND WIE WIR UNS KLEIDETEN

Es ging jüngst ein Streit vornehmlich unter Mediävisten, ob wir Sudetendeutschen nach ihren Fachprinzipien überhaupt ein Stamm seien. Soviel war dabei sicher, daß wir einen Namen haben, einen Namen, der verhältnismäßig jung ist. Auch vor diesem hatten wir allerdings schon eigene Namen: man nannte uns Deutschböhmen und Deutschmähren. Diese Namen aber waren Nachbarn nicht mehr genehm, und so bezeichneten sie uns lieber als Sudetendeutsche. Niemand aber kann sich den Namen aussuchen, unter dem man ihn kennt. Freilich, wir Sudetendeutschen wissen auch um unsere eigenen internen Unterschiede, die uns die Natur in ihren Regionen und die Tradition in Brauchtum, Mundart, Hausbau, Tracht und Mentalität mitgegeben haben. In anderen Ländern gleicht ebenfalls nicht ein Landstrich dem anderen. Man pflegt die Unterschiede und schätzt sie als kulturellen Reichtum. Auch wir Sudetendeutschen bekennen uns so gerne zu unseren engeren Herkunftslandschaften, die einen mehr oder weniger breiten Gürtel rund um den inneren Kern Böhmens und Mährens oder der Sprachinsel in diesen Ländern bilden.
Als Südmährer, Böhmerwälder und Egerländer grenzten wir im Süden und Westen an Österreich und Bayern. Im dichtbesiedelten und industriereichen Nordböhmen war der sächsische Einfluß besonders im Erzgebirge und Elbsandsteingebirge spürbar, während in der Jeschken- und Isergebirgslandschaft, im nordböhmischen Niederland, im Riesen- und Adlergebirge ebenso wie in Nordmähren und im Altvatergebirge, im Kuhländchen und im Schönhengstgau der schlesische Menschenschlag zu Hause war. Die Deutschen in diesen Landschaften haben sich während langer Jahrhunderte nicht als eine eigene Gruppe empfunden oder sich gar als solche gegenüber irgend einen Nachbarn abgrenzen müssen, wenn ihnen die Nachbarschaft mit slawisch sprechenden Menschen im Innern des Landes auch immer bewußt war. Wie diese freilich, waren die Vorfahren der Sudetendeutschen bis vor 200 Jahren meist Leibeigene. Wie ihre Herrschaften, so waren ihnen auch die Zentren des Landes und der Monarchie gemeinsam, der sie im Habsburger Reich angehörten. Trotz der regionalen Vielfalt und der für frühere Zeiten weiten Entfernungen gab es zwischen den sudetendeutschen Siedlungsgebieten einen häufigen Wechsel von Beamten, Ärzten, Lehrern und Handwerkern; nach 1918 haben sich außerdem viele Arbeiter als "Fortgeher" aus allen anderen sudetendeutschen Heimatlandschaften – vor allem in den Industriestädten Nordböhmens – zum Broterwerb für ihre Familien zusammengefunden.
In der Zeit, in der die tschechischen Nachbarn ihr Volkstum entdeckten, haben auch die Deutschen in Böhmen und Mähren ihre ethnische und volkskundliche Vielfalt mit der Erneuerung der Trachten, der Pflege der lebendigen Mundart und des überkommenen Brauchtums zu erkennen und schätzen gelernt. Je mehr aber andererseits ihr Heimatrecht in Böhmen, Mähren und Schlesien seit dem vorigen Jahrhundert in Frage gestellt wurde, desto mehr wurden sie zu einer eigenen Einheit unter einem politischen Schicksal zusammengefügt, zur Volksgruppe der Sudetendeutschen, die nach ihrer Vertreibung aus der Heimat nunmehr in Bayern neben Altbayern, Franken und Schwaben als dessen vierter Stamm gilt.

Das romantische Weichbild der Stadt Krummau hat ebenso wie die behäbig und breit ausladende Bergwelt des Böhmerwaldes mit seinen ewig stillen Waldseen das Heimatgefühl der Böhmerwäldler geprägt.

Markt Eisenstein an der böhmisch-bayerischen Grenze. In ihm, in Wallern oder in Prachatitz zu Hause zu sein, bedeutete, stetig an Verbindungswegen zwischen zwei Ländern Nachbarschaft zu vermitteln.

Die gewerbefleißige Stadt Winterberg. Der in ihr wirkende offene Bürgersinn bildete einen für die ganze Landschaft wichtigen Faktor neben dem Selbstverständnis kleinräumiger Siedlungs- und Wirtschaftszentren wie Bergreichenstein und Hartmanitz.

Der Türmer von Krummau hielt seit alters wachsame Ausschau und kündete Stund und Tagzeit an.

Im südlichen Teil des Böhmerwaldes fielen besonders die verhältnismäßig großzügigen Anlagen der Dreiseit- und Vierkanthöfe auf wie z. B. die oben abgebildeten Bauernhäuser in Vorderstift bei Oberplan. Behaglich waren aber auch die alten, von alpenländischem Stil beeinflußten Holzhäuser in Wallern.

Viel gab man im Böhmerwald auf das Sonntagsgewand, das trotz modischer Anklänge noch alte regionale Besonderheiten, wie z. B. das kunstvoll gebundene schwarze Kopftuch der Frauen aufwies. Die beiden Fotos stammen aus Deutsch Reichenau bei Friedberg und aus Brettern bei Kaplitz.

Obwohl die Bauernfamilie am Lindlhof in St. Katharina für dieses Foto die guten Kleider angezogen hatte, zeigten sich die Knechte stolz in ihrem Arbeitsgewand, zu dem im Böhmerwald vor allem das "Vürtuch", eine Art Arbeitsschürze, gehörte.

Nur selten nahmen die Böhmerwäldler Bauern und Jungbauern ihren Hut vom Kopf, wie auch dieses gelungene Konterfei der Großfamilie Raab vom Wicherhof in Losnitz, Kreis Krummau, beweist.

Mittelalterlich-höfisch wirken die Festtagsgewänder und Goldhauben, die die stolzen Bürgersfrauen in Rosenberg an der Moldau anläßlich der Jahreshauptversammlung des Deutschen Böhmerwaldbundes im Jahre 1929 vorführten.

Reizvoll und beschaulich ist die Partie am Ufer der Mies und am Franziskanerkloster der alten westböhmischen Bezirksstadt Tachau.

Das Jagdschloß Glatzen bei Marienbad diente vornehmlich adeliger Herrschaft als ländlicher Aufenthalt zur Zeit der Hatz im Kaiserwald.

Manche Zeugnisse einer wechselvollen Geschichte hatten sich auch in der westböhmischen Kreis- und Schulstadt Mies erhalten. Der Brucktorturm gehörte zur ehemaligen Befestigungsanlage der Stadt, die dem Silberbergbau ihre Entstehung verdankt.

Ländliche Idylle am Dorfweiher in Heiligenkreuz bei Plan.

Im Egerland hatten sich alte Trachten erhalten, die regional recht unterschiedlich waren. Das Bild oben links zeigt ein Bauernpaar aus der Gegend von Eger. Oben rechts und nebenstehend: Trachtenträgerinnen aus Tschernotin und aus Radlowitz bei Mies. Zur Arbeit kleidete man sich aber freilich wie überall recht zweckmäßig.

Familie Klima in Podletitz bei Poderdam.

Bauernhof zu Stabnitz. Die bäuerliche Hauslandschaft des Egerlandes war ausgezeichnet durch schmucke Fachwerkbauten. Ländliche Vornehmheit und Wohlhabenheit zeichneten den sauberen Hof und die Familie des Besitzers im unten stehenden Bild aus. Der Hof stand in Darmschlag, dort, wo der Böhmerwald und das südliche Egerland zusammentreffen.

Schon sehr früh haben die Egerländer begonnen, die Tradition der bodenständigen Trachten bewußt zu pflegen: ein Egerländer Hochzeitsfest zu Pfingsten 1937 in Karlsbad (oben links), eine Trachtenhochzeit zur Faschingszeit in Mühlhöfen, Kreis Mies, und eine anmutige Marienbaderin im Sonntagsstaat.

Das Dorfglockenhäuschen in Meischlowitz im Kreis Aussig hatte einen sehr einfallsreichen und naturverbundenen "Architekten".

Fast wie auf einem Gemälde sehen die beiden Bäuerinnen in ihren biedermeierlichen Gewändern an der Mauer hinter der Dechantei in Radonitz, Kreis Kaaden, aus.

Das Gasthaus des Johann Richter in Tirschowitz bei Leitmeritz und die Dorfkapelle ergeben ein gutes Dorfbild.

So sah es am Dorfteich neben der Kirchhofsmauer in Seesitz, Kreis Aussig, um die Jahrhundertwende aus.

Drei Obstpflückerinnen vor der Weinkellerei (oben links) und das Elbetal bei Groß Czernosek (unten).

Frühling in der Böhmischen Schweiz bei Dittersbach.

Nordböhmen hatte ein eigenes und unverwechselbares Aussehen durch seine Umgebindehäuser. Ein Beispiel hierfür ist das Bauernhaus der Familie Poche in Künast, Kreis Böhmisch Leipa.

Über dem inzwischen verfallenen Gehöft in Horka/Kreis Dauba stand einst der Spruch "Tritt ein! Hier wohnen deutsche Bauern, wenn einmal andere da im Hause sind, mag dieser Hof nicht länger dauern, es stürme durch zerborstne Mauern der Wind."

"Im Schneckenzipfel" hieß diese Gasse in Warnsdorf im nordböhmischen Niederland.

Am Fuße des Jeschken (Bild oben rechts) liegt die bedeutendste Heimatstadt der Sudetendeutschen, Reichenberg (unten). Sie war die wirtschaftliche, industrielle und kulturelle Metropole Nordböhmens, aus der bedeutende Persönlichkeiten hervorgingen. An Franz von Liebig z. B. erinnert die Liebig-Warte (oben links).

Denkmalgeschützte Handwerkerhäuser in der Stadt Freiheit im Riesengebirge, das schon früh dem Fremdenverkehr erschlossen wurde.

Auch im Braunauer Ländchen schenkte man um die Jahrhundertwende der überkommenen Bauerntracht Aufmerksamkeit und Pflege.

Das Benediktinerkloster Braunau an der nordböhmisch-schlesischen Grenze entfaltete jahrhundertelang eine segensreiche kulturelle und geistliche Wirksamkeit für ganz Böhmen.

Die Bäuerin Werner holt Wasser am Hausbrunnen in Sohr, Kreis Böhmisch Leipa.

Das Erbrichterhaus war in den meisten Dörfern Nordmährens und des Schönhengstgaues das ansehnlichste unter den Bauernhäusern, wie z. B. hier das Erbgericht in Habicht im Kreis Bärn.

Im strengen Winter 1928/29 blieben auch in Bodenstadt Menschen und Tiere lieber in den Häusern.

Wo der Schneepflug auf der Straße zwischen Freudenthal und Mährisch Schönberg die Schneemassen nicht beseitigen konnte, legten die Schneeräumer Hand an die Schaufel.

Das Lindenkirchlein in Römerstadt.

Unverwechselbar ist Bodenstadt im nordmährischen Kreis Bärn mit freistehendem Turm und Pestsäule inmitten des Stadtplatzes.

Frankstadt im Kreis Mährisch Schönberg.

Das Heidebrünnl, das wohl schönste Wanderer- und Wallfahrerziel im Altvatergebirge.

Wo wäre eine Sommerfrische erholsamer gewesen als in der Gegend um Mährisch Weißwasser?

Ein für Nordmähren typischer Dreiseithof in Ohrnes im Kreis Hohenstadt.

Uralte Linde hinter dem Haus der Familie Mader in Nürnberg bei Bärn in Nordmähren.

Wahrzeichen der mährischen Bezirksstadt Sternberg war das Schloß, das dem kunstgewogenen Fürsten von und zu Liechtenstein gehörte.

Ein Kuhländler Bauernhaus in Sedlnitz mit geräumigen Wohn- und Wirtschaftsgebäuden, die von drei Seiten einen breitangelegten Hof umschließen.

Das Teßtal in Nordmähren ist wegen seiner schönen und traditionsreichen Trachten bekannt.

Ein Paar aus dem Altvatergebirge in altschlesischer Tracht.

Auch in Mährisch Rothwasser wurde zur Erhaltung der herkömmlichen Tracht beispielsweise ein Hochzeitsfest geübt.

Znaim (oben links) und Iglau (oben rechts und unten) gehörten mit zu den bekanntesten deutschen Städten im südlichen Mähren.

Recht stattlich sah man in alter Tracht in der Gegend von Znaim aus. In der deutschen Sprachinsel Wischau trugen schon kleine Mädchen nicht nur zu festlichen Anlässen Trachten mit viel Spitzen und Zierat.

In große schwarze Kopftücher hüllten sich die Bäuerinnen in Südmähren, wenn sie zu kühlerer Jahreszeit in die Kirche gingen. – In Bergersdorf bei Iglau paßte man herkömmlichen Trachtenstil bequemeren Formen an.

Am Stadtbrunnen in Nikolsburg hatten die Nachbarinnen in der guten alten Zeit immer Zeit, um etwas zu besprechen.

So reich die Heimat der Sudetendeutschen auch an alten, bodenständigen Trachten war, die meisten Menschen in Stadt und Land kleideten sich dennoch modisch und nach dem bürgerlichen Stil der Zeit. Oben: Die Geschwister Simonitsch in Warnsdorf als Kinder und als Jugendliche. Unten: Bürgerfamilien in Komotau und in Riegersdorf bei Tetschen zu Beginn des Jahrhunderts.

In den 20er Jahren kam der Jugendstil in der Mode der Damen zur ausgereiftesten Blüte. Oben: Frau Krey aus Graslitz und eine Internatsschülerin in Prag. – Und wer hätte sich beim Sängerfest in Hohenstein 1930 nicht an dem Anblick dieser Jungfrauen erfreuen mögen, die so anmutig ihre Blumenbuketts halten?

Bald wurden in der Mode die kunstvoll strengen Züge von der Gelöstheit natürlicher Lebensfreude verdrängt. Oben: Frau Direktor Pier von der Glasfabrik Holleischen (Kreis Mies) mit ihren Töchtern im Jahre 1911. Unten: drei Mädchen aus der Krummauer Gegend um 1920 und Mädchen aus Mährisch Neustadt, denen man so recht die Wanderfreude anmerkt.

Oben zieht eine Wandervogel-Mädchengruppe aus Hostau im nördlichen Böhmerwald durch Wald und Wiesen. Unten verdeutlichen zwei Bilder aus Radonitz bei Kaaden den Wandel des Geschmacks: die Familie des Tischlermeisters Kohla vor dem Ersten Weltkrieg und Mädchen und Burschen in Turnerkluft bei einem Ausflug zu den Zebischfelsen bei Radigau um 1930.

Wohnzimmer von Familie Hartl in Pilsen sowie Innenhof eines Bürgerhauses in Mies. – Auf einer Aufnahme der Familie Reis aus Rumburg vom Jahre 1936 erkennt man die damals neueste Mode, den Trend zur Versachlichung – und Schottenmuster.

Biedermeierliches Damenkränzchen in Graslitz, Kaffee und Guglhupf, Namenstagstisch und schweres Wohnungsinterieur aus der Jahrhundertwende.

Frauen der Gablonzer Bäckergenossenschaft auf der Glockensteinbaude im Jahre 1936.

VON BEDEUTSAMEN TAGEN DES LEBENS

Das Leben in unserer Heimat hatte wie anderswo auch seine Stationen: Geburt und Taufe, Schule und Erstkommunion, Lehre und junge Liebe, Militärdienst, Hochzeit, Familienglück, Beruf und Erfolg, Alter und Tod. Es gab Tage in diesem Leben, die sich dem Menschen tief in seine Erinnerung einprägten: fröhliche und traurige, und es gab solche, die er sein Leben lang nicht mehr vergaß. Zu ihnen gehörten besonders die Stunden, in denen er in seiner Kindheit und Jugend seine Heimat erlebte. Der sudetendeutsche Schriftsteller Rudolf Witzany (1911–1945) hat das Erleben seines Elternhauses, des Forsthauses "Nehammerhof" bei Gratzen, in folgenden Versen festgehalten:

DAS VERLORENE HAUS

Sonnenkringel auf den Birnbaumzweigen;
Aus dem Schornstein wölkt es fahl empor.
Auf dem Hügel die Kastanien neigen
ihre Kronen. Und ich steh beim Tor:

Breite Fliesen, alt und ausgetreten.
Und die Tauben sitzen auf dem Dach.
Aber wie wenn Schleier mir das Bild verwehten,
wird Vergessenes im Geschauten wach.

Dort der Garten, den der Vater baute,
mit dem hohen, festgefügten Zaun,
wo er oftmals nach dem Himmel schaute,
wenn er ging, die Beete zu beschaun.

Und die Hütte, draus die Bienen schwärmten,
daß ums Haus ihr helles Summen war;
wenn die Blüten sich im Frühlingen wärmten,
wuchsen Baum und Strauch ins reife Jahr.

Hier die Stube mit dem Fensterrahmen,
braun und alt. Schier sind die Scheiben blind.
Wo wir schreiend in das Leben kamen –
in den Mauern war ich einmal Kind.

Dort der Kirschbaum, drauf ich oft gesessen,
wenn der Sommer überm Hause war.
Da die Balken, dran ich mich gemessen,
wie ich mählich wuchs von Jahr zu Jahr.

Heute bröckelt es von fahlen Wänden.
Fremde Menschen treten durch das Tor.
Und ich fühl den Zaun vor meinen Händen,
und ich stehe wie gebannt davor.

Alles anders, wie es einst gewesen;
Kinderland, entzaubert und zerstört.
Wie der Garten, wo heut Unkrautbesen
üppig wuchern, der einst uns gehört.

Sonnenleuchten auf den Zweigen tanzte;
Licht, das strahlend überm Hause lag;
Doch die Bäume, die der Vater pflanzte,
Ragen stark und ruhig in den Tag.

Der Taufpate Josef Schmied aus Heiligenkreuz bei Plan, der sich offensichtlich über sein neues Amt freut, mit seinem Neffen Josef Scharnagl im Jahre 1918.

Auf dem Lande ließ man früher die Kinder noch am Tage ihrer Geburt taufen, damit kein Heide über Nacht im Hause sei, so sagte man. Bild unten links: Inge Lindner aus Augezd im Jahre 1940 im Taufpolster. Und rechts wird Hans Nowak in Gablonz zur Taufe gebracht.

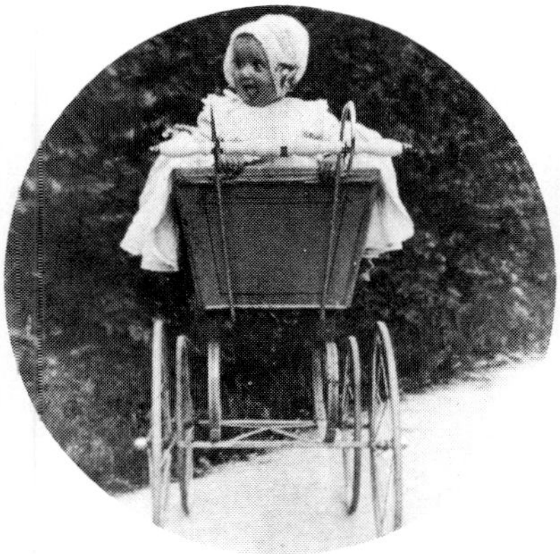

Hoch auf dem Wagen kann Inge aus Hohenfurth schon alleine sitzen.

Trautes Familienglück merkt man der Bauernfamilie aus Strodau bei Kaplitz an.

In den Städten werden die Kinder schon früh an einen geregelten Tageslauf im Kindergarten gewöhnt, wie z. B. in Kamaik (oben), in Altendorf bei Römerdorf (Mitte) oder in Theusing (unten).

Diesen schönen südböhmischen Sommertag in Strodau bei Kaplitz wird dieser Junge, der ein bedeutender Wissenschaftler geworden ist, wohl nie vergessen.

Freude an Vaters Fahrrad, an dem man sich so gut festhalten kann, hat das kleine Mädchen; der Junge zieht schon den eigenen Besitz in Form einer Trompete und eines Plüschhundes vor, und Traudl hat zu Weihnachten einen Schlitten, Mantel und Muff vom Christkind bekommen.

Die beiden Klement-Buben aus Gundersdorf bei Bärn spielen mit Schaukel und Schaukelpferd, ein wenig später dürfen sie gar auf einem richtigen Roß sitzen. Am Spiel der kleinen Katzen beteiligt sich schon als Kind mit guter Beobachtungsgabe Gerhard Riedel, der heute ein bekannter Schriftsteller und Journalist ist.

Wer weiß, was die Lausbuben von Radigau da eben ausgeheckt haben? Die Mädchen in Anischau bei Mies tuscheln miteinander, weil sie die Dorfbuben nicht mitspielen lassen. Die beiden Söhne des Kaminkehrermeisters in Hohenfurth in Südböhmen sollen schon früh ihr Handwerk üben.

Der Bauernbub aus dem südlichen Böhmerwald, der so schelmisch den Hut aufhat, weiß, wie man mit einer Peitsche umgeht, aber der kleine Sommerfrischler aus Gablonz möchte es auch lernen.

Eine Tüte soll die ernste Pflicht der Schulzeit im voraus versüßen. Schulanfänger in Reichenberg (rechts von dem Mädchen steht Gerhard Riedel) und Gablonz. – Bei diesem Lehrer der Ohnsorg-Schule in Aussig werden die Mädchen sicherlich viel gelernt haben.

Schülerinnen der Kreuzschwestern führen beim Turnfest im Klosterhof von Mariaschein vor, was sie schon können.

In Witschin, Kreis Tepl, gab es fröhliche Lehrer und fröhliche Schüler.

Den Naturkundeunterricht am Gondelteich in Reichenberg hatte die aufgeweckte Klasse gewiß lieber als Rechnen und Rechtschreibübungen.

Zu so einem schönen Wandertag der Schule in Warnsdorf muß man schon einen breitkrempigen Strohhut tragen. Geschichte und Heimatkunde lernt die Schulklasse in Niemes recht anschaulich bei der Burgruine am Roll. Genau so gut geht es auch am Kirchturm von Nixdorf, von dem man einen weiten Überblick über die engere Heimat hat.

In Pauten bei Tepl Räuber und Gendarm spielen, in Niemes am Fischerteich schon etwas mit den Mädchen flirten oder von Holleischen bei Mies einen langen Ausflug auf den Osser machen, gehört zu den schönsten Jugenderlebnissen.

Lange mußten sich die Buben und Mädchen 1936 in Tschihana auf diesen schönen Tag vorbereiten, am meisten Sorge bereitete dabei die erste Beichte, aber Pater Clement Süß und der tschechische Kaplan sehen sehr verständnisvoll drein.

Weißes Kleid, weiße Handschuhe und ein Myrtenkrönchen am Kopf – so feierlich wurde Hermine Simonitsch aus Warnsdorf für diesen Tag geschmückt.

Die Geschwister Karl und Johanna Schmid aus Heiligenkreuz bei Plan am Tage ihrer Erstkommunion. – Großen Andrang gab es, als der Bischof kam und in Unter-Jamny (Kreis Tepl) die hl. Firmung spendete.

Im Internat der Ursulinerinnen in Olmütz (nebenstehendes Bild) oder in einem Mädchenpensionat in Prag (Bild Mitte) wurde den Mädchen nicht nur Wissen und Bildung vermittelt, sondern überhaupt alles, was die Frau eines gut-bürgerlichen Hauses können sollte.

Vor dem Abschlußball der Tanzstunde in Kreibitz haben sich die jungen Leute 1912 erst einmal für ein Foto zur Erinnerung an die frühe Liebe aufgestellt.

Bei der ersten Assentierung im neugegründeten tschechischen Staat im Jahre 1920 haben die Rekruten in Krummau statt des üblichen Kunstblumenschmuckes Trauermaschen getragen.

Kleintschernitzer Rekruten nach der Musterung in Podersam im Jahre 1933.

Von der Beendigung einer Waffenübung 1926 in Prag gab es die seltene Aufnahme mit tschechischem und deutschem Erinnerungstext.

Hochzeitsbild von Wenzel Lausecker und Marie Putschögelhofer aus Kuttau bei Kaplitz vom Jahre 1920.

In der Kirche von Nürschan bei Mies geben 1933 zwei Menschen einander das Wort fürs Leben, und in Gablonz feiern zwei Familien die Glückseligkeit eines Paares.

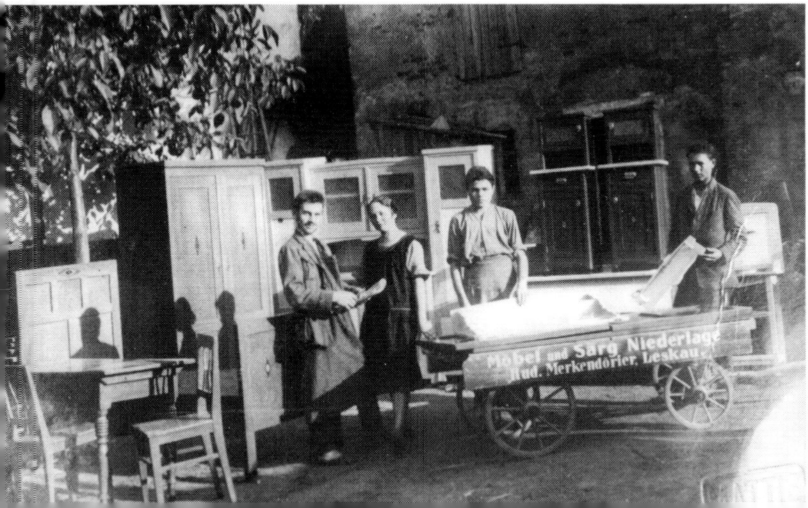

Eine Braut besichtigt die für sie angefertigten Möbel beim Tischler in Leskau im Bezirk Weseritz, der auch Särge herstellt.

Zur Goldenen Hochzeit trug das gefeierte Jubelpaar im südlichen Böhmerwald sogenannte Greisenstäbe, wie z. B. hier in Zettwing. Zu so einem Anlaß gab die Familie und oft auch ein ganzes Dorf ein Fest. – Großvater und Großmutter wurden in den Familien noch notwendig gebraucht und von den Enkelkindern geliebt. – Das Alter stand hoch in Ehren, den Dorfältesten bereitete die Gemeinde Ottenschlag bei Friedberg 1936 sogar einen eigenen Ehrentag.

VON BRÄUCHEN WÄHREND DES JAHRES

Jahrhunderte haben an dem Kranz des Brauchtumsjahres geflochten. Doch Bräuche haben nur so lange Bestand, als sie gebraucht werden. Die grundlegenden Veränderungen der Lebensgewohnheiten in unserem Jahrhundert haben überall kräftig diesen Kranz zerzaust, der mit zum wertvollsten kulturellen Erbe eines Landes und eines Volkes gehört. Bei dem Bemühen, dessen Verlust aufzuhalten, haben es die daran interessierten Heimatvertriebenen besonders schwer. Wenn Bräuche nicht nur Schaustellung, sondern lebendiges Gemeinschaftsgut sein sollen, bedarf es dazu eines Ortes oder einer Landschaft und der darin ansässigen Bevölkerung, in der sie wachsen und gedeihen können. Brauchtum aus sudetendeutschen Heimatlandschaften hat so wohl am ehesten Sinn und Zukunft in den bisher ungezählten Siedlungen und Ortschaften, in denen heimatvertriebene Sudetendeutsche in einer besonderen Dichte ansässig geworden sind.

Bräuche waren auch in den Heimatregionen der Sudetendeutschen nie ein festes unverformtes Ganzes, jede Generation und jede Landschaft hat an seiner Überlieferung mitgewirkt, hat hinzugefügt, weggelassen, abgestreift und überschichtet, vergessen und Neues ersonnen und gedeutet. Da sind jene alten jahreszeitlichen Bräuche, die immer wieder als Aberglaube gebrandmarkt wurden, die aber dennoch recht zäh die Zeiten überstanden, und da sind Bräuche, deren Wurzeln in archaische Zeiten zurückreichen und die nur überdauern konnten, weil sie einst in den religiösen Volksglauben und in kirchliche Frömmigkeitsformen Eingang gefunden haben. Meist haben sich dabei ihre Inhalte gewandelt, und zuweilen sind ihre Formen zu festen, kaum verständlichen Ritualen geworden. Auch jene Bräuche, die in den hohen Festen des Kirchenjahres und im Ablauf des christlichen Heiligenkalenders Ursprung und Begründung haben, hatten vielerorts eine besondere Prägung erhalten. Zu jahreszeitlichen Bräuchen wurden mehrfach auch solche, die von bestimmten Begebenheiten herrühren, man denke nur an das Mährisch Neustädter Wachsstockfest, an das Brüxer Mariaschnee- oder das Graupner Franz-Xaverius-Fest, die auf die Zeit des 30-jährigen Krieges oder auf das Ende der Pestepidemie Bezug nehmen. Es gibt ferner die örtlich an feststehenden Tagen des Jahres stattfindenden Wallfahrten zu bedeutenden Gnadenstätten innerhalb und außerhalb des Landes. Mit Grulich, Philippsdorf, Haindorf, mit dem Hl. Berg bei Olmütz und bei Pribram, Mariaschein, St. Anna bei Plan und Bischofteinitz, Maria Kulm und Maria Gojau seien nur einige dieser Pilgerziele genannt. Mehrere von ihnen können mit einem neuen Standort heute in Österreich und Deutschland ihre Tradition fortführen.

Den Ursprung im städtischen Zunft- oder im regionalen Berufsleben hatten z. B. das jährlich wiederkehrende Egerer Fahnenschwingen, das Ascher Vogelschießen, das Saazer Hopfenfest und der Iglauer Berghäuerzug, der erst im vergangenen Jahrhundert als Brauch eingeführt wurde, der aber dennoch feste Wurzeln schlagen konnte. Die völkische Brauchtumspflege hat sich um das alte, weit in Europa und auch in Übersee verbreitete, Johannisfeuer angenommen, das von sudetendeutschen Jugendgruppen auch heute noch als Sonnwendfeuer jährlich vielerorts geschürt wird.

Für die Zeit gleich nach dem Neujahr hat man sich viel einfallen lassen, um seine ganze Individualität bei Maskenbällen so recht zum Ausdruck zu bringen. Die schönen Mädchen aus Hohenstadt mußten ihre natürliche Grazie keinesfalls betonen. Die drei Faschingstanten aus der Pötschmühle bei Krummau versuchten es hingegen doch recht erfolgreich, und die beiden danebenstehenden Herrschaften taten alles, um nicht erkannt zu werden.

Überall, ob in Totzau bei Kaaden als Flekkelmänner, ob in Theusing auf einem Zigeunerwagen oder in Hilgersdorf bei Schluckenau mit einer "Zirkus-Nummer", gab es im Fasching ein fröhliches Treiben.

Natürlich ging das nicht ohne Planung, dazu brauchte man schon eine Vereinigung, ein Komitee, das vorher alles sorgfältig durchdachte und sich eigene Regeln und Symbole gab wie bei der "Heularia" in Haida. Auch in Radonitz bei Kaaden mußte man genau Regie führen, damit alle sagenhaften Völkerschaften des Ortes am Abhang Platz fanden.

Die Wurzeln des im Kreis Kaplitz in Südböhmen bis in die dreißiger Jahre lebendigen Schwerttanzes reichen in archaische Zeit zurück. Örtliche Gruppen zogen von Ort zu Ort, um in jedem Haus ihren seit alters festgelegten Tanz vorzuführen. Das Bild oben zeigt eine Gruppe aus Rosenberg, das Bild unten eine Gruppe aus Sinnetschlag. Damit verwandt waren auch die Vorführungen sogenannter Faschingsburschen, die es auch im benachbarten Kreis Krummau gab und die dort Faschingshudel genannt wurden (Bild Mitte).

Im Egerland und in Nordböhmen war am vierten Fastensonntag das Todaustragen ein beliebter Brauch. Strohpuppen wurden von den Kindern von Haustür zu Haustür getragen und dann verbrannt. In manchen Gegenden gingen zwei Wochen später Mädchen auch mit einer schönen Sommerdocke von Haus zu Haus und sangen dabei:
"Dou bring man ran Moia mit Scholn u mit Oia
Dou bring'n wir a Windelstongen, daß konn d' Frau die Wind'l afhonga . . ."
Oben links: in Chrantschowitz bei Mies; rechts in Beneschau, Kreis Mies; unten: in Rosendorf bei Tetschen.

Frühjahrsumzug der Kinder in Rosendorf beim Todaustragen.

Je größer der Palmbesen war, den die Losnitzer Buben am Palmsonntag nach Gojau in die Kirche trugen, desto angesehener waren sie.

In Sternberg in Mähren zogen die Ratschenbuben in der Karwoche um die Mariensäule und ersetzten mit ihren Holzinstrumenten die Glocken, die in dieser Woche angeblich nach Rom geflogen waren.

Ratschenbuben in Kaltenbach (Bild Mitte) und anderswo im Böhmerwald erhalten für ihr Ratschen zur Anmahnung des Englischen Grußes am Karsamstag Ostereier.

Ein recht anschauliches Bild von diesem Brauch ist auch vermutlich aus dem südlichen Egerland oder aus dem nördlichen Böhmerwald erhalten.

Das Heilige Grab in der Kirche
in Hainspach bei Schluckau.
Wie hier durfte auch in vielen
anderen Kirchen mancher kleine
Junge zum ersten Male mini-
strieren.

Das Heilige Grab in der Kirche
in Hainspach bei Schluckau.
Wie hier durfte auch in vielen
anderen Kirchen mancher kleine
Junge zum ersten Male mini-
strieren.

Zu Ostern wurden in Rado-
nitz bei Kaaden Münzen unter
die Buben "geschmissen".

Vor dem kunstvollen Hl. Grab in Niemes wachten am Karsamstag die Gläubigen und auch hölzerne Ritterpuppen.

Mit der Schmeckoster-Rute warten die Buben hier in Chirles im Schönhengstgau am Ostersonntag vor der Kirche auf die Mädchen, um sie damit zu peitschen. Der Brauch war auch im Riesengebirge, in Nordmähren und in Sudetenschlesien zu Hause.

Gerhard Riedel hat zusammen mit Bruder und unter Mithilfe seiner Großmutter das Osterhasennest gefunden. Auch Christl Fleischer aus Arbesau bei Aussig und ein kleiner Junge aus Riegersdorf hat schnell seine Spur verfolgt. Bei den Egerländer Burschen gewinnt der das Ei des anderen, der es beim Titschen einschlägt.

Für die Großen war in weiten Teilen des Sudetenlandes das Oster- oder Saatreiten ein schöner Brauch, wie Bilder aus dem Schönhengstgau (rechts), von Hilgersdorf bei Schluckenau (Mitte) und von Binsdorf bei Tetschen zeigen.

Pferde und Reiter am Ostermorgen 1939 in Rosendorf vor ihrem Ritt durch die Flur.

Saatreiter in Ohrnes,
Kreis Hohenstadt,

1935 in Schwabitz
bei Niemes

und 1924 in Schönwald, Kreis Bärn.

Hier sollen Maibäume gefällt werden. Dazu stellt man in Großweißwasser erst einmal einen Festzug auf.
In Niemes (links) und in Kamaik ist die übliche Zeremonie bereits in vollem Gang.

Im südlichen Böhmerwald wird das Aufrichten des Maibaumes gefeiert, wie z. B. hier in Einsiedeln bei Kaplitz.

Auch beim Maibaumfällen in Hermsdorf (oben) und in Platten (rechts) gab es trotz humoristischer Einfälle und komischer Extravaganzen einen festgefügten Ablauf.

Zu den großen Brauchtumsfesten gehörte in den sudetendeutschen Weltbädern die Brunnenweihe zu Beginn jeder Saison. In Marienbad ging sie unter reger Anteilnahme von Einwohnerschaft und Kurgästen, hier gerade am Kreuzbrunnen, – noch zur Zeit der Monarchie – vor sich.

Beim Festzug zur Brunnenweihe in Karlsbad 1938 erkennt man Abt Möhler vom Stift Tepl.

In Eger gab es am Vinzenzisonntag eine prachtvolle Festprozession.

Allerorts war der Fronleichnamsumgang das schönste Fest im Jahr, bei dem alle mitmachen konnten. Hier zieht in Gablonz die Prozession durch die Grünwalder Straßen. Unten stehen Ministranten an einem der vier Altäre in Dürchel bei Dauba, und auch ein Blumenmädchen aus Prag hat schon seine Arbeit getan.

Die Körbchen der weißgekleideten Mädchen sind noch voller Blüten, die sie beim Umgang dem Allerheiligsten streuen wollen.

Die Prozession in Sebusein zog teilweise durch die blühende Flur. In Radonitz bei Kaaden (Mitte) und in Herbitz bei Aussig (unten) wurde zu Ehren des Sakraments unter dem Baldachin reichlich das Weihrauchfaß geschwenkt.

In allen sudetendeutschen Heimatlandschaften gab es auffallend viele Wallfahrtsstätten. Wie hier in Quinau im Erzgebirge standen meist in der Nähe der Kirche Verkaufsbuden, an denen man Andenken und Devotionalien kaufen konnte.

In der ersten Juli-Woche jeden Jahres zogen zahlreiche Prozessionen auch zur Gnadenstätte in Winteritz bei Kaaden. Beim Bergfest am Kapellenberg gab es dann einen Markt, auf dem man nahezu alles kaufen konnte.

In Maria Gojau im Böhmerwald nimmt eine Wallfahrt "Urlaub" vom Gnadenort.

Das Erntedankfest ist ein verhältnismäßig junges Fest. In der Pötschmühle bei Krummau im Böhmerwald gab es ein solches z. B. im Jahre 1927. Dazu zogen viele "Jungbauern" und "Jungbäuerinnen" aus den umliegenden Orten mit ihren spätsommerlich geschmückten Wagen ein.

Gut eingeübt scheint es beim Erntedank 1908 in Hilgersdorf im nordböhmischen Niederland zugegangen zu sein. Noch heute ist es eine wahre Freude, den jungen Leuten ihre bäuerliche Standesbegeisterung anzusehen.

Wieviel bäuerlichen Stolz doch dieser einfache Erntefestwagen trägt!

Dem hl. Nikolaus waren im Sudetenland viele Kirchen geweiht. Daß man mit ihm zusammen aber auch ein recht lebensnahes Standbild des Leibhaftigen in eine Kirche aufnahm, ist schon eine Besonderheit am Hochaltar der Erzdekanalkirche in Schluckenau. Meist wurde am Abend des 6. Dezember der Nikolaus allein zu den schon mit Ungeduld und einigen Ängsten wartenden Kindern eingelassen, während der Krampus vor der Haustüre höchstens mit den Ketten rasseln durfte. Freilich hatte der Nikolaus fast immer, so wie der aus Augezd rechts unten ein großes Buch bei sich, aus dem er nicht nur Lob, sondern meist auch reichlich Tadel verkündete. Der Weihnachtsmann oder Knecht Ruprecht, der hier dem kleinen Gerhard Riedel Nüsse bringt, kehrte auf dem weiten Lande nur selten ein.

Da scheint sich beim "Wandervogel" in Winterberg im Böhmerwald eine regelrechte Nikolaus- und Krampusorganisation angebahnt zu haben.
Spätestens seit Beginn unseres Jahrhunderts leuchtete auch in jedem Haus unserer Heimat ein Christbaum, so wie hier bei Familie Böhm in Dürchel im Kreis Dauba.

In allen sudetendeutschen Heimatlandschaften war es Brauch, zur Weihnachtszeit die Krippen vom Boden zu holen und sie in Kirche und Wohnung aufzubauen. Nordböhmen hatte einen besonders schönen Krippenstil hervorgebracht. Beispiele seien hierfür die Kirchenkrippe von Lindenau bei Böhmisch Leipa (oben) und die Schluckenauer Krippe (unten).

In Stadt und Land waren zur Advents- und Weihnachtszeit alte und neue Krippenspiele beliebt. Hier wurde 1924 von Schülern ein Hirtenspiel in Schönwald bei Bärn in Nordmähren aufgeführt.

AUS DEM ALLTAG UNSERER ARBEIT

In meinem Heimatort Brettern in Südböhmen gab es einen alten Bauern, der lange Zeit ein aufrichtiger Gemeindevorsteher gewesen war und den alle im Ort als vorbildliche Persönlichkeit achteten. An dem Herbsttag im Jahre 1946, an dem ihm der tschechische Kommissar die amtliche Anordnung übergeben hatte, in der stand, daß er sich am nächsten Morgen zum Abtransport einzufinden habe, sah man ihn auf einem Bergfeld seines Hofes beim Ackern. Einige der seit kurzem ins Dorf gekommenen Tschechen schauten ihm von weitem zu und lachten über ihn. Als mein Vater zu ihm hinausging und ihn fragte, ob er denn nicht nach Hause gehen wolle, um die letzten Stunden zum Einpacken der wichtigsten Habseligkeiten zu nutzen, gab er nur kurz zur Antwort: "Diese Felder haben viele Generationen lang unsere Familie ernährt, wir sind es ihnen schuldig, daß wir sie bis zur letzten Stunde bearbeiten."
Die Antwort hatte nichts mit "Blut und Boden"-Romantik zu tun. Zu einer solchen hatte der alte Bauer in seiner nüchternen Lebensauffassung nie einen Zugang gefunden. Es war etwas anderes, was ich immer wieder bei Bauern aus der Heimat bemerken konnte, nämlich ihre innige Zugehörigkeit zu dem oft kargen Heimatboden. Mit Recht sagte man über einige von ihnen, daß sie in ihm so sehr verwurzelt seien, daß sie nirgends anderswo Wurzeln schlagen können. Für sie war die tiefe Beziehung von Hof und Familie eine fast menschlich personale Einheit, eine Ehe, der sie sich auch über die Vertreibung hinaus immer verpflichtet fühlten.
Außer dieser bäuerlichen Bodenständigkeit halten freilich eine ganze Reihe anderer Bande die Landsleute unabhängig von ihrer beruflichen Herkunft zusammen und verbinden sie auch heute noch mit der sudetendeutschen Heimat. Zu diesen gehören vor allem die Verwandtschaft des Menschenschlags und die besondere Mentalität einer Landschaft, die jedem anhaftet. Sie ist ausgeprägt in der Mundart, durch geschichtliche und kulturelle Traditionen und auch durch den Alltag der heimischen Arbeitswelt.

Gelückauf!

Klingt's net gerod wie in alter Zeit,
dos Hammern on dos Schlogn,
wu Bargleit drubn in Arzgebirg
habn Silber rausgetrogn,
tief aus'n Schacht, aus Stolln on Gäng?
Is net, als klingt's do drauf
wie Bargmasegn, wie fromms Gebaat,
wie Bargmagruß, Gelückauf!

Dos Hammern on Schlogn is gar net weit
on klingt su vuller Lust,
su freidig on su fromm on stark
in onnerer aagne Brust.
On onner Harz dos is der Schacht,
do liegt der größte Schatz
verborgn on is gut aufgehubn,
dort is der rachte Platz.

Do wolln mer suchn on wettergrobn,
su lang, als immer gieht.
Mir wolln ne hebn dan größten Schatz,
onner arzgebirgisch Gemüt.
On hegn on pflegn wolln mer ne alle Zeit,
mir gaabn en Handschlog drauf
on rufen enander freidig zu
mit'n Bargmagruß: Gelückauf!

(Anton Günther)

Sobald der Schnee geschmolzen war, begann für die Bauern die Frühjahrsarbeit auf dem Feld. Beim Säen des Sommergetreides erleichterte eine Maschine die Arbeit, besonders wenn die Felder so eben waren wie das Ohrnesfeld des Bauern Roland in Chirles im Schönhengstgau. Bald hernach mußten auch die Kartoffeln gesteckt werden – wie hier beim Janka-Bauern in Radlowitz bei Wscherau. Anfang Juni war es dann soweit, daß vom gleichen Bauern auf der "Welzka-Wiese" gemäht werden konnte.

Zur Mahdzeit hieß es, zeitig vor dem Morgengrauen aufstehen, um die sonnigen Tage zum Trocknen des Heues nutzen zu können. Oben: Familie Winter vom Tischer-Hof in Unterschönbach, Kreis Eger, bei der Arbeit, und auch in Pirkau bei Tachau geht man früh auf die Wiesen.

Man mußte zusehen, daß man das Heuet noch rechtzeitig nach Hause brachte, bevor der nächste Regen einsetzte. Oben: Heuernte in Kalkofen im Erzgebirge, unten in Theusing bei der Mischka-Mühle.

Auf den Bergwiesen des Riesengebirges mußte man mit Heuschlitten die Mahd von den Abhängen holen.

Ende Juli und Anfang August ist Schnittzeit. In Weikersdorf bei Mährisch Schönberg kann man mit so kräftigen Armen an einem Tag weit kommen.

Bei der Haferernte auf der Bauernwirtschaft der Familie Haupt muß jung und alt und auch die Nachbarschaft mithelfen.

Am Hausfeld der Familie Hehenberger in Ottenschlag bei Friedberg haben viele fleißige Hände bald das Korn geschnitten und die gebundenen Garben aufgemandelt.

Mit flinken Händen wird der Weizen zu Garben gebunden, der mit zügigen Sensenschwüngen Schritt um Schritt auf der Flur von Weikersdorf niedergelegt wird.

Das Aufladen der Garben ist Männersache, die Fuhre muß kräftig niedergebunden werden, damit man sie wohlbehalten und mit vollen Ähren in die Scheune bringt.

Wie überall bei schweren Erntearbeiten muß man auch auf der Flur von Weikersdorf eine Pause einlegen und sich mit einer kräftigen Jause stärken. Die Bauern aus Hilgersdorf im nordböhmischen Niederland wetzen zwischendurch die stumpf gewordenen Sensen, und an lauen Sommerabenden hallt das Dengeln aus dem Tischerhof in Unterschönbach und aus dem Hof von Johann Dürschmid in Klein-Tschernitz bei Podersam wider.

Ein bedeutender Fortschritt für die bäuerliche Arbeit waren die Mähmaschinen, nicht alle Bauern freilich konnten sich diese in den 20er und 30er Jahren schon leisten. Oben: Willi Schollum vom Maschek-Hof 1935 in Holleischen bei Mies; Mitte: Familie Janisch in Sichelsdorf bei Landskron; unten: Bauer Franz Böhm aus Dürchel, Kreis Dauba, mit Familie, Knechten, Mägden und Nachbarn.

Neben der Landwirtschaft war auch die Pflege von Wald und Forst eine wichtige Aufgabe und Erwerbsquelle. Oben arbeiten Frauen in der Baumschule von Brand bei Plan, unten links sieht man die Forstarbeiter mit dem Förster Franz Teichert in Platten im Erzgebirge.

Aus dem Wald konnte man sich zur Sommerzeit selbst manch gute abwechslungsreiche Mahlzeit holen, freilich mußte man wie Ernst und Gabriela Grünes aus Platten die verschiedenen eßbaren von den giftigen Pilzarten unterscheiden können.

Eine schöne Ernte von Rehlingen oder Pfifferlingen im Böhmerwald! – Frau Schollum aus Holleischen hat so viele Herrnpilze gefunden, daß ein Teil davon geschnitten und getrocknet werden muß. Zur gleichen Zeit sind auch die Heidelbeeren reif; in Kummer bei Niemes lassen Waldspaziergänger sie sich gut schmekken.

Weltberühmt war der Saazer Hopfen; zur Ernte kamen die Pflücker von weit her zusammen. Oben: Hopfenpflücker in Radigau bei Radonitz im Kreis Kaaden, unten bei Auscha im Kreis Leitmeritz.

Das Saazer Hopfenland reicht auch bis Sehrles im Kreis Kaaden, wo unter dem Sonnenschirm der gepflückte Hopfen nach "Vierteln" übernommen und zur Lohnberechnung vermerkt wurde.

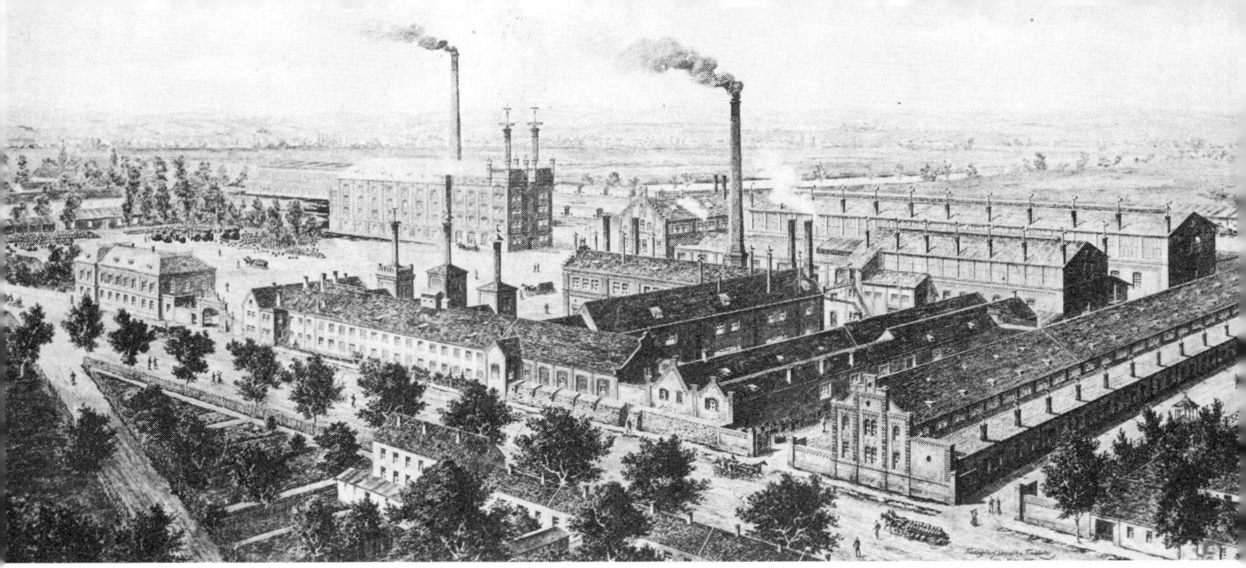

Hopfen und Malz, Brauart und Güte des Wassers begründeten den Weltruf des Bieres aus Pilsen und Budweis. Das Bürgerliche Brauhaus in Budweis (Bild oben) und die alten Kellerräume aus dem 15. Jahrhundert im Alten Bürgerbräuhaus in Pilsen (unten) lassen wie nirgendwo auf der Welt die große Tradition hoher Braukunst ahnen. Aber auch die Qualität des Bieres aus anderen Städten der Heimat war hoch. Das Bild in der Mitte zeigt einen Wagen der Aktienbrauerei Staab im Jahre 1921.

Das größte sudetendeutsche Weinanbaugebiet lag in Südmähren. Die Bilder zeigen Weinbauern bei Frühjahrsarbeiten auf ihren Hängen bei Nikolsburg und im Herbst bei der Weinlese.

In der sonnigen Elbelandschaft gedieh schönstes nordböhmisches Obst. In Malkau (links), Kreis Komotau, und in Maschkowitz bei Aussig (rechts oben) brauchte man lange Leitern, um alle Kirschen und Äpfel zu erreichen. Und wie man sieht, gab es 1931 auch in Tschemin bei Mies eine reiche Apfelernte.

Die Schichtwerke in Aussig verarbeiteten das Obst zu Ceres-Apfelsaft, der im ganzen sudetendeutschen Heimatland einen guten Namen hatte.

Südmähren, bekannt durch Znaimer Gurken und Zuckerrüben, hatte in Lundenburg eine beachtliche Raffinerie, in welcher die Rüben in Zuckerhüte umgewandelt wurden.

Die Landwirte versuchten es zuweilen auch mit selteneren Nutzpflanzen. In Klein-Tschernitz bei Podersam, baute einer ein ganzes Feld mit Sonnenblumen an.

Auf einem Gutshof in Würschen bei Brüx wurden Zwiebeln en gros gezüchtet. Daß man unten mit dem Bauern Böhm in Dürchel zur Mohnernte ausfuhr, kann man zwar nicht ohne weiteres erkennen, aber wie sollte es anders sein, denn Mohn wurde in Böhmen, Mähren und Schlesien von jedem Bauern gerne angebaut. Zum Jäten der Pflanzen und zum Abernten der reifen Kapseln brauchte man viele flinke Frauenhände.

Lange bevor ein gewisser Herr in der Mark Brandenburg die Kartoffel in die Landwirtschaft einführte, hat man bereits in Roßbach bei Asch dieses wichtige Geschenk Südamerikas an die übrige Welt angebaut. Oben sind Bauern von Kaltenbach im Böhmerwald beim Erdäpfelklauben. In Riegersdorf wärmen sich dabei die Leute mit einem warmen Getränk auf, und unten in Unterschönbach bei Eger und in Arbesau im Kreis Aussig wird ein schönes Ergebnis aus dem Boden gegraben.

Pflügende Bauern gehörten im Spätherbst zur heimatlichen Landschaft. Ochsen, Kühe und Pferde zogen den Pflug von einem Rain zum anderen, und der Bauer lenkte die Schar, damit die Scholle gleichmäßig geackert wurde.

Ein nordmährischer Bauer mit Pferd und Pflug auf einem Bergfeld bei Petersdorf.

Auf einem Musterhof in Radigau bei Kaaden probierte man schon 1912 den ersten Motorpflug von der Firma Stock aus.

Wenn die Feldarbeit getan war, wurde noch in den ersten Jahrzehnten unseres Jahrhunderts das Getreide mit Drischeln gedroschen wie hier in Erdberg in Südmähren. Der Takt des Drischelschlags richtete sich dabei nach der Anzahl der Drescher.

Die Dreschmaschinen, die sich immer mehr durchsetzten, wurden anfangs mit Dampfkraft betrieben, wie z. B. hier am Maschek-Hof in Holleischen bei Mies. Das dafür nötige Wasser holte man aus der Radbusa. Diese wegen Funkenflug nicht ungefährliche Antriebskraft wurde bald durch Dieselmotoren und durch elektrische Energie abgelöst. Dreschmaschinen von Stilles, wie hier in Weikersdorf in Nordmähren, oder von der Firma Zwiesler, waren unter fortschrittlichen Landwirten ein Begriff. Am Hof in Sehrles, Kreis Kaaden, wurde schon verhältnismäßig modern direkt am Feld mit einer Lanz-Maschine das Korn gewonnen.

In Holleischen konnte sich das Vieh, bevor es von der Weide heim in den Stall getrieben wurde, erst einmal am kühlen Naß der Radbusa erfrischen. – Zur Hütbub-Romantik gehörte manch unvergeßliches Kartoffelfeuer, in dessen Glut – wie hier in Schönwald, Kreis Bärn – würzige Erdäpfel garten. – In Heiligenkreuz bei Plan bringt man im Sommer grünen Klee zum Füttern des Zugviehs heim.

Das Viehfüttern gehörte im Winter zu den wichtigsten bäuerlichen Arbeiten. Mit Schwingen und Körben wurde das Futter vom Heuboden in den Stall gebracht. Unser Bild zeigt Berta Muck aus Nikles in Nordmähren bei dieser Arbeit.

Am Bauernhof ist Kleinvieh meist Sache der Bäuerin. Der Zickelsegen in Riegersdorf versprach mehrere außergewöhnlich gute Mahlzeiten. Für manche Häusler bildete aber auch die Milch der Hausziegen eine wichtige Ernährungsgrundlage.

Obwohl die Hühner sich auf dem ganzen Hof frei bewegen konnten, wurden sie regelmäßig – wie hier von Frau Maschek in Holleischen – gefüttert. Auf der Scheunenwand über der Kellertür stand einst der Spruch "Was uns Gott der Herr beschert aus der kühlen Erde, soll in diese Scheune eingesammelt werden."

Recht zutraulich sind die Lämmchen zu dem Jungen in Buggaus, Kreis Kaplitz. Auch das Bienenvolk in Nikles in Nordmähren kennt seinen Imker Roman Winter sehr gut.

Die Zuchtsau mit ihren vielfarbigen Frischlingen bekommt vom Bauern Heiker in Ohrnes eine Sonderportion.

Der Gänsehirt, eine fast archaische Institution, treibt in Radonitz, Kreis Kaaden, die Gänse von der Weide ein. – Auch in Staab werden die Gänse am Weg zur Radbusa gehütet. – Böhmische Gänse für Martini und böhmische Bettfedern wie die vom Stammhaus der Firma Blahut in Deschenitz im Böhmerwald brauchten von alters her kein außergewöhnliches Warenzeichen.

BLAHUT

Das Federschleißen war in den Dörfern eine vergnügliche Winterbeschäftigung der Frauen und Mädchen, die sich gewöhnlich dazu in einem Haus rund um den großen Tisch versammelten. Besonders lustig wurde es, wenn am Abend die Burschen kamen, dann gab es den berühmten Federtanz. Oben: Federschleißen in Lindenau bei Zwickau; in der Mitte: in Leskai bei Weseritz und unten bei Bitterhansel in Birnai, Kreis Dauba.

Wo man, wie hier in Joslowitz in Südmähren, etwas auf gute Milchwirtschaft hielt, fügte man sich der bäuerlichen Selbstkontrolle. – Ein gewohntes Bild auf dem Lande war auch das Sammeln der Milchkannen für die Molkerei, wie z. B. durch den Milchwagen in Ohrnes, Kreis Hohenstadt.

Olmützer Quargeln und andere Käseprodukte waren berühmte Spezialitäten des Landes. Das nebenstehende Bild zeigt den Raum einer Käserei im Böhmerwald.

Obwohl auf dem Lande die Hausschlachtung – wie auf dem Bild in Pernek bei Oberplan – üblich war, stellte das Metzgerhandwerk ein recht einträgliches Gewerbe dar. Das Bild in der Mitte zeigt den Fleischhauer Kummerer mit Gehilfen in Podersam, das Bild unten zeigt den Fleischermeister Weikert mit Lehrling in Niemes beim Wursten.

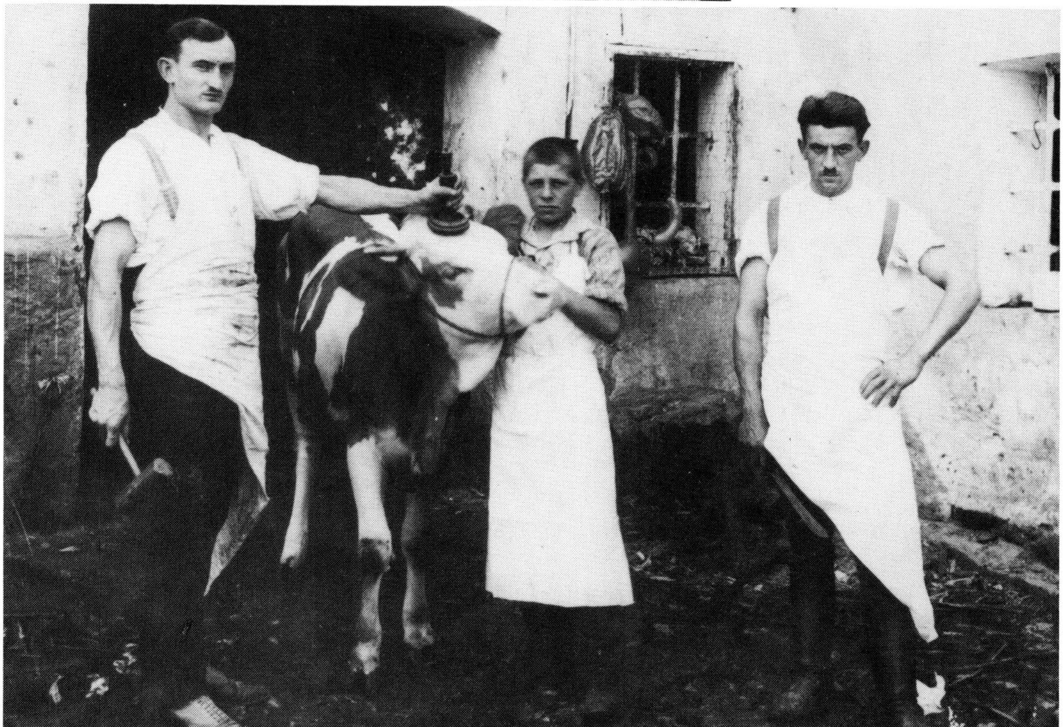

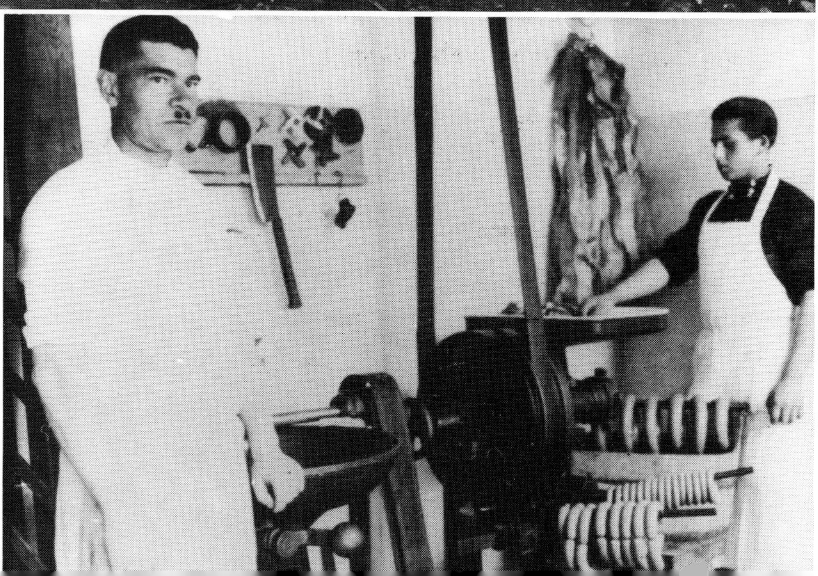

Um die Preisfestsetzung der Getreidehändler durchbrechen zu können, hatten sich Lagerhausgenossenschaften gebildet, die im Interesse der Landwirte selbständig arbeiteten. Bild oben zeigt Mitarbeiter des Lagerhauses in Aussig, das Bild rechts unten zeigt ihre Ruhepause. – Viele der alten Mühlen im Lande wurden noch durch Wasserkraft betrieben, wie z. B. die Mühle in Sebusein.

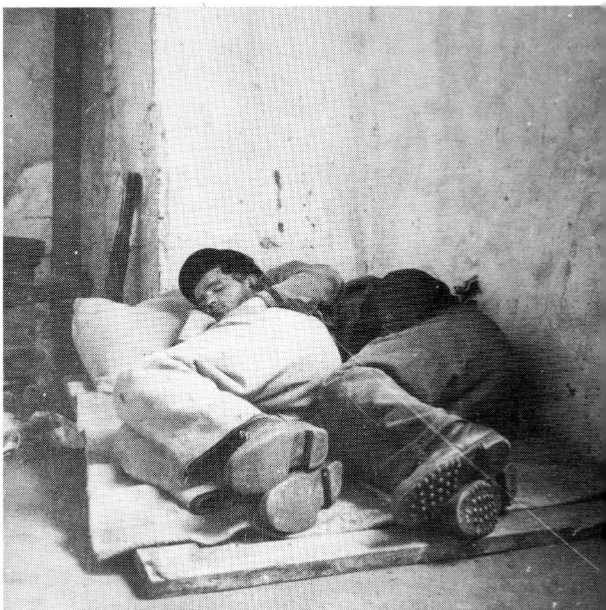

Die Trumplmühle in Bernek bei Friedberg im Böhmerwald erhält 1929 ein neues Wasserrad, das alte aus dem Jahre 1913 ist morsch geworden. Das Foto zeigt die Familie Scheibelberger von der Mühle mit den Zimmerleuten.

Graf Nostitz hatte Jagdglück, das Bild zeigt ihn mit seiner Jagdgesellschaft und mit dem erlegten Hirsch 1933 auf der Viehruh bei Plan. Das Jagdrecht war bis ins vorige Jahrhundert adeliges Vergnügen, das Wildern zuweilen ein untertäniges.

Sicherlich gaben diese bürgerlichen Herrschaften von Staab schon bei der Jagdpause ihr Jägerlatein zum besten. – Gleichzeitig erbrachte die Hasenhatz in Nordmähren reichlich Wildbret.

In Libochowan rüstet sich ein Elbfischer mit Netz und Reuse zum Fischzug. – Wenn der Hirschberger See – wie hier im Herbst 1925 – abgefischt wurde, war meist auch der Gutsherr Graf Waldstein-Wartenberg mit seiner Beamtenschaft dabei.

Schwer war die Arbeit der wenig begüterten Häusler. Holzsammlerinnen in einem Wald bei Staab mußten das Brennmaterial für den Winter und für die tägliche Feuerstelle am eigenen Rücken nach Hause tragen.

Gar mancher, der nicht mehr in der Fremde Arbeit suchen konnte, mußte z. B. auch im Erzgebirge bei Platten Baumstümpfe zerkleinern, um das harzhaltige Holz verkaufen zu können. Stöcke-Brechen war ein harter Broterwerb.

Für diese Bürger von Falkenau war es eine schöne Freizeitabwechslung, in die Natur zu wandern und wie Holzfäller zu jausen.

Holzarbeiter im Johnsdorfer Forst im Erzgebirge, Mai 1926. – Was im Sommer gefällt wurde, konnte oft erst im Winter zu Tal gebracht werden. Nicht ungefährlich war die schwere Last der Holzrücker im Isergebirge.

Ähnliche Methoden wendeten auch die Seewalder Blöcher-Zieher im Böhmerwald an, um die langen Baumstämme von den Bergrücken hinab zu befördern.

Verschiedene Mittel zur Talbringung des abgeschlagenen Holzes wurden auch im Altvatergebirge ersonnen: per Hand- oder Pferdeschlitten und Weiterbeförderung durch Holzfuhrwerke (Bild unten) oder durch eine Gefällrollbahn, wie sie die Graf-Harrachsche Forstverwaltung im Braunseifner Revier mit 16 Wagen eingerichtet hatte (Bild oben).

Um das wertvolle Holzreservoir des Böhmerwaldes nutzbar machen zu können, wurde schon im 17. Jahrhundert zum Holzschwemmen ein Kanalsystem angelegt, das mit den Wasserstraßen der Donau und Moldau verband. Der Schwarzenbergische Schwemmkanal war im vorigen Jahrhundert das bekannteste Meisterwerk dieser Art.

Das Flößen des Langholzes war ebenfalls ein kostensparendes Transportmittel. Böhmerwaldstämme konnten damit bis Hamburg gebracht werden, wenn sie nicht bereits vorher in der größten Papierfabrik Europas, in der Pötschmühle bei Krummau, abgefangen und verarbeitet wurden, von deren Holzplatz uns eine Aufnahme aus dem Jahre 1914 (Bild unten) erhalten ist.

Der Holzbedarf war vor allem beim Bauhandwerk groß. Baumeister Wenzl Richter ließ hier in Gehae bei Radonitz einen Dachstuhl zimmern.

In Hostau (links) und in Nikles bei Mährisch Schönberg (rechts) wurde der Dachstuhl eben feierlich nach altem Handwerkerbrauch gesetzt.
Bauleiter Anton Drexler legte mit selbstbewußten Handwerkern in Leskau bei Weseritz zu Beginn unseres Jahrhunderts eine Wasserleitung.

Ein großes Holzlager braucht Wagnermeister Alois Sulzer in Rosenberg an der Moldau nicht, wohl aber viel handwerkliches Geschick.

Kaum einer kann wohl längere und sicherere Leitern zimmern als Herr Hohby in Böhmisch Pockau im Kreis Aussig.

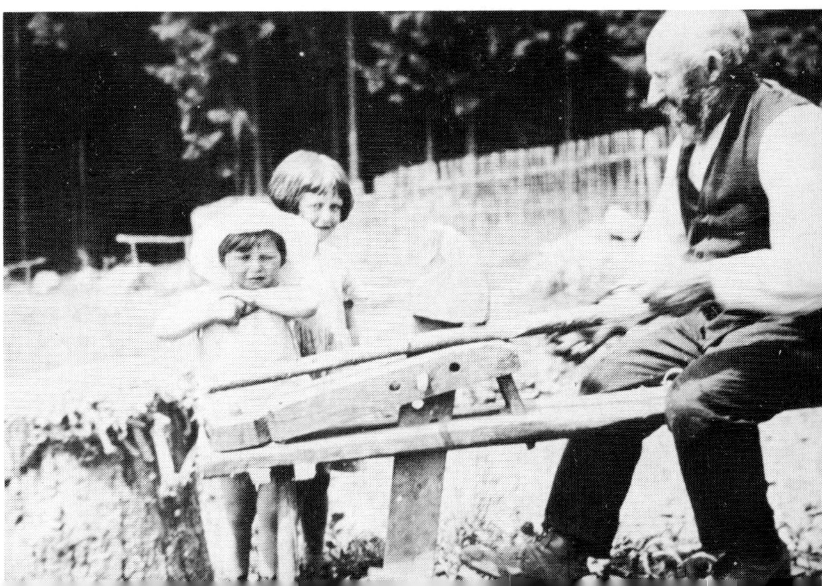

In Brand bei Plan werden Stiele für Rechen, Schaufeln, Krampen und für andere bäuerliche und handwerkliche Geräte hergestellt.

Die ganze Familie wollte Vater und Großvater helfen, möglichst viele Rechen an diesem Tage zu fabrizieren. So war es in Brand bei Plan und ähnlich auch in Rosendorf in Nordböhmen. Der Verdienst berechnete sich nach der Stückzahl des jeweiligen Auftrages.

Schneider Seff in Rosendorf flicht auch im hohen Alter noch Körbe und anderes Weidengerät.

In Wallern im Böhmerwald weiß man wie sonst nirgends mit Holz umzugehen. Diese Wohnstube ist zugleich eine Werkstatt zur Herstellung von Holzschuhen.

Vielfältig ist die Hausindustrie des hohen Böhmerwaldes. Man benötigt dazu wenig Geräte und kein großes Werksgelände. Holzdrahtzieher, Siebmacher und Andenkenschnitzer haben zwar einen recht bescheidenen Broterwerb, aber sie haben geschickte Hände und einen findigen Kopf.

In Langengrund bei Rumburg haben sich diese Werkstätten auf die Erzeugung von Skiern und Rodelschlitten spezialisiert, und sie haben damit viel Erfolg.

In den sudetenschlesischen Steinbrüchen fanden viele Leute Arbeit, doch auch in anderen Heimatlandschaften gab es hochwertige Granitbrüche, wie z. B. in Hilgersdorf im nordböhmischen Niederland. – Die ergiebigen Torflager bei Schönfeld im Kreis Elbogen (links unten) und bei Sebastiansberg im Erzgebirge (rechts unten) boten manchem eine Existenzmöglichkeit.

Das alte Köhlerhandwerk allerdings war schon im Aussterben begriffen. Franz Milde ging 1933 noch dem Gewerbe im Revier Kummer bei Niemes nach (oben), und bei Mader glühte noch einer der letzten Meiler im Böhmerwald (Mitte); Thaddäus Steffan (mit Pfeife und Vollbart) hatte am Keilbach im Kreis Hohenelbe zu Beginn des Jahrhunderts immer noch mehrere Meiler und beschäftigte dabei einige Helfer.

Früher buk man auf dem Lande für den Eigenbedarf das Brot selbst. Ein Backofen und eine "schwarze Küche" waren – wie hier in der Iglauer Sprachinsel – in jedem Bauernhaus vorhanden. Da mußte auch der Rauchfangkehrer – hier ist einer aus Zettwig in Südböhmen abgebildet – regelmäßig sein rußiges Handwerk ausüben.

In einem noblen Hotel hätten sie gewiß weiße Hauben auf, in einer Großküche wie in der im Kolpinghaus in Mariaschein ging's auch ohne sie.

Geflochtene Ringe, Strietzeln, Semmeln und gutes Bäckerbrot kamen aus dieser Backstube in Gablonz.

In einer Kurpension in Karlsbad gab es wohl jeden Tag Waschtag, und zum Bleichen der Bettwäsche war ein großer Rasen notwendig; ein Privathaushalt in Staab hat dazu auch am Ufer der Radbusa den rechten Platz gefunden.

Etwas mühevoll, aber gewiß umweltfreundlicher, bekam man mit Sonne, Schicht-Seife und Gießkanne auch die große Wäsche in Gablonz strahlend weiß. – Am Ufer der Mies war eine richtige Waschanlage mit Bleiche eingerichtet, damit sich Bürger, Studenten und Gäste in der Stadt Mies in frischer Wäsche immer wohl fühlen konnten.

Große wirtschaftliche Bedeutung für viele Erzgebirgler Familien hatte das Klöppeln von Spitzen, das in Heimarbeit betrieben wurde. Barbara Uttmann hat einst diese Kunstfertigkeit aus Flandern als Hausgewerbe ins Erzgebirge gebracht. Auch im nördlichen Böhmerwald war das Spitzenklöppeln eine verbreitete Tätigkeit. Die hier wiedergegebenen Fotos zeigen Klöpplerinnen aus dem Erzgebirge.

In den 20er und 30er Jahren war für viele Mädchen und Frauen eine Nähmaschine ein meist unerfüllbarer Traum. Allenthalben haben Firmen mit gutem Namen Näh- und Stickkurse abhalten lassen. Die Bilder zeigen Teilnehmerinnen in Leskau im Jahre 1935 (oben), in Augezd, Kreis Sternberg, im Jahre 1931 (Mitte) und zur gleichen Zeit in Gablonz (unten).

Bis in die ersten zwei Jahrzehnte unseres Jahrhunderts galt in der Heimat, daß jede Braut aus einem Bauernhaus als Aussteuer eine Truhe selbstgesponnenes Leinenzeug in die Ehe mitbringen sollte. Darauf mußte lange hingearbeitet werden. Der Anbau des Flachses und seine Bearbeitung gehörten in den meisten sudetendeutschen Landschaften mit zu den wesentlichen Arbeiten in der Landwirtschaft. – Das Bild zeigt Familie Spitzenberger aus Pernek bei Oberplan im Böhmerwald bei der Flachsernte.

In Ottenschlag bei Friedberg wird im nahen Hauswald bei der Dörre der Flachs gebrecht. – In Nieder-Mohrau im Kreis Römerstadt gibt es so wie vielerorts ein Brechhaus mit ständigen Mitarbeitern.

Das Spinnen des Flachses war eine häusliche Frauen- und Mädchenarbeit im Winter. Da kamen sie vom ganzen Dorf in einem Haus zusammen, um sich bei der eintönigen Arbeit zu unterhalten. Die alte Frau am Spulrad war im Niederland zu Hause.
Die Frau auf der langen Bank in ihrem Ausgedingehäusl ist Frau Josefa Pietsch in Ohrnes in Nordmähren, und in Gundersdorf im Kreis Bärn sonnt sich Frau Judith Gokorsch mit ihrer Arbeit am Scheunentor.

Das alte Hausgewerbe der Weber war in unserem Jahrhundert zugunsten der fabrikmäßigen Weberei stark im Rückgang begriffen. Die Fotos zeigen oben links ein Weberehepaar in Rosendorf im Niederland, rechts davon einen der letzten sudetendeutschen Damastweber in Nordböhmen und unten eine Weberstube in Krumpach bei Zwickau.

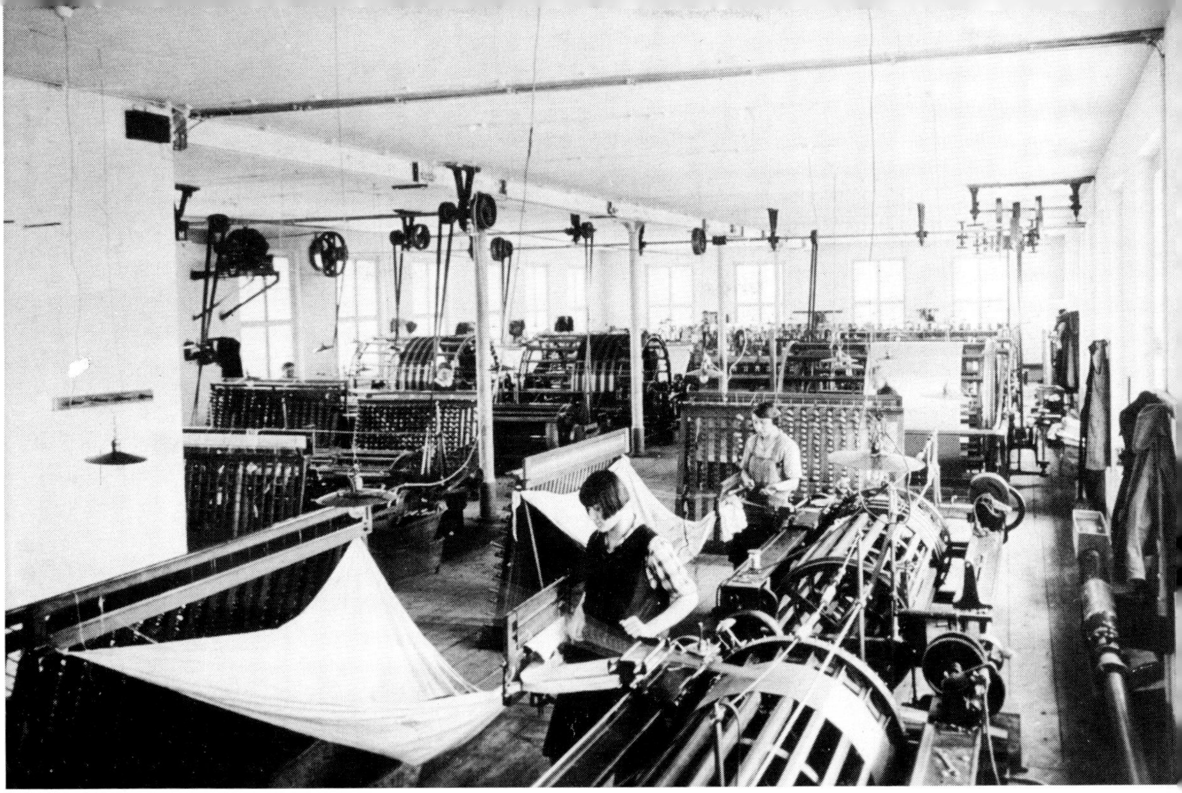

Die Textilindustrie, einer der bedeutendsten Erwerbszweige der Sudetendeutschen in der Heimat, fußte auf dem alten Heimweberhandwerk. Das Bild oben zeigt einen Fertigungsraum der Seidenfabrik Schefter in Mährisch Schönberg, das Foto unten zeigt die Formerei der Kunert-Werke in Warnsdorf, deren Strümpfe bis heute ein Markenbegriff sind.

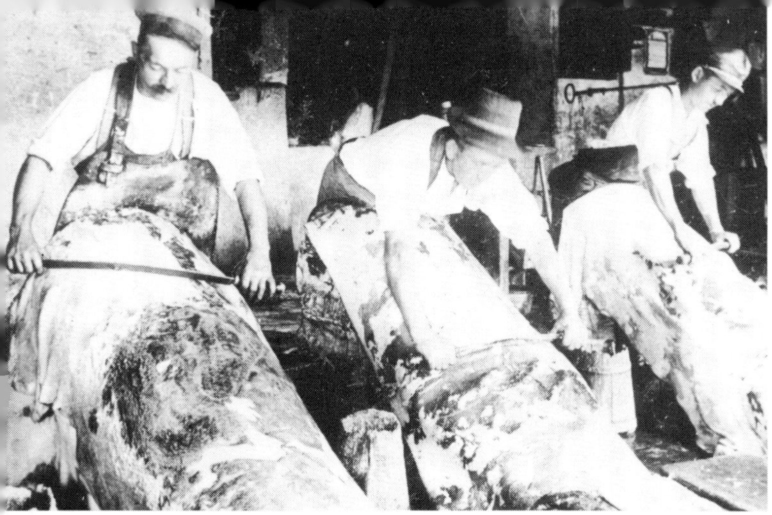

Leder, ein vielfach verwendetes Material, hatte das handwerkliche Können der Gerber zur Voraussetzung. Die beiden Fotos links zeigen sie bei der Arbeit in Nieder-Nixdorf im nordböhmischen Niederland, auf dem Bild unten haben sich die Arbeiter der Gerberei Haase in Reichstadt zu einem Firmenfoto aufgestellt. Der Schuhmacher Anton Buxbaum wirkte in Theusing.

Eine sudetendeutsche Spezialindustrie, die bis heute ihre Tradition erhalten konnte, war die Handschuherzeugung von Abertham im Kreis Neudek im Erzgebirge.

Wie viele Schmieden es in der Heimat gab, wird wohl niemand je gezählt haben. Doch gab es kaum ein Dorf, in welchem nicht eine Esse glühte. Auf nebenstehendem Bild sieht man den Hufschmied von Habicht im Bezirk Olmütz.

Oben wird der Fuchs des Bauern Wunderle in der Dorfschmiede in Chirles im Schönhengstgau beschlagen. Unten sieht man die Schmiede in Nieder-Falkenau mit Meister Franz Großpietsch samt Gehilfen und Wagner Kubesch.

Meister Josef Roland und sein Geselle Josef Wolaschka schmieden in Chirles im Schönhengstgau Wagenreifen. Und unten haben die Kupferschmiede der Firma W. Dieck in Aussig recht standesbewußt Aufstellung genommen.

Was wäre die böhmische Musik ohne die Geigen und die Blasinstrumente aus dem Erzgebirge gewesen? Die Schönbacher Geigenbauer haben heute in Bubenreuth in Franken ein neues Zuhause gefunden.

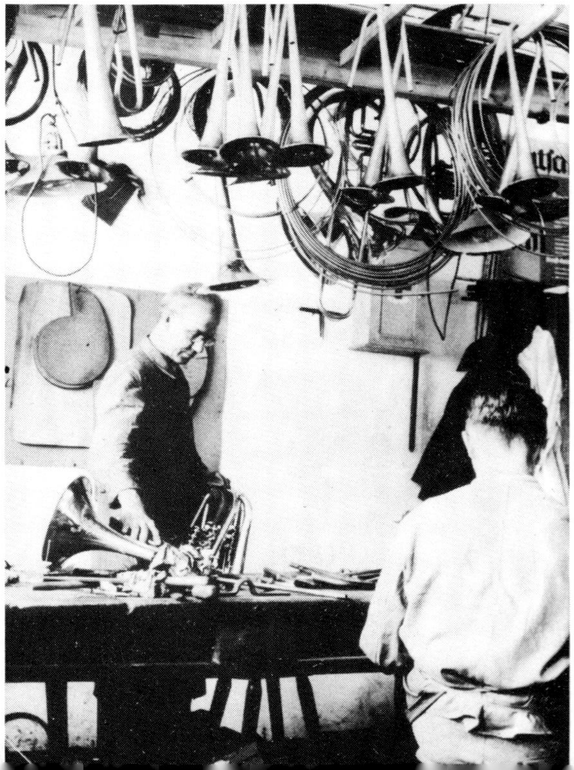

Gablonz in Nordböhmen hat einen international bekannten Namen bei all denen, die etwas von Modeschmuck verstehen. Die ganze Stadt war einst voll von größeren und kleineren Betrieben, die sich mit der Herstellung funkelnder Geschmeide befaßten. Da gab es selbständig arbeitende Familienbetriebe, Heimarbeiterinnen und auch Werkzeugfabriken, wie die Firma Czerch, bei der sudetendeutsche und auch tschechische Arbeitskollegen gut miteinander auskamen (Bild unten). In Neugablonz in Bayern blüht diese traditionsreiche Industrie weiter.

Nichts hat Böhmen in der Welt so berühmt gemacht wie sein Glas. Die bedeutendsten Glashütten und Glaszentren Böhmens lagen in den sudetendeutschen Heimatlandschaften. In der Michelhütte in Haida erkennt man links den Glasschmelzer Karl Sporer und rechts den Hüttenmeister Meier. Unten – neben dem in der Staatsfachschule Steinschönau geschliffenen Sport-Ehrenpokal – sind Glasbläser in einer Hütte in Steinschönau am Werk.

Glasbläser in einer Hütte im Böhmerwald. – Die Hütten in Eleonorenhain, Winterberg und Unterreichenstein gehörten mit zu den bekanntesten Glasproduktionsstätten in unserem Jahrhundert.

In der Hütte in Reitendorf bei Mährisch Schönberg wurde hauptsächlich Preßglas hergestellt. – Franz Grünbeck war einer der Winterberger Glasschleifer, die dem Kristallglas einen so hohen Grad von Brillanz verleihen konnten.

Der größte Lüster der Welt wurde 1932 bei der Firma Elias Palme in Steinschönau für das Theatro dell' Opera in Rom geliefert. – Beim Versand des Glases mußte vor allem auch gut verpackt werden, wenn es heil in aller Welt ankommen sollte. Dies besorgten bei der Fa. Hanslich in Haida die drei Herren rechts unten.

Alt-Rohlau, Dallwitz, Klösterle, Pirkenhammer und Teplitz – einige Namen, die für Egerländer und nordböhmisches Porzellan stehen, das einst in etwa 100 Fabriken erzeugt wurde. Deren Standort wurde bei ihrem Entstehen im vorigen Jahrhundert bewußt in die Nähe des Vorkommens der notwendigen Rohstoffe Kaolin, Feldspat und Quarz eingeplant. Die Bilder geben einen Einblick in Räume der Duxer Porzellanmanufaktur.

Alle Welt kam in die sudetendeutschen Weltbäder. Illustre Persönlichkeiten könnten unter den Kurgästen aufgezählt werden, die hier Heilung von vielerlei Gebrechen suchten. Manche kamen vielleicht auch nur, um der großen Gesellschaft, die da verkehrte, begegnen und angehören zu können. – Daß in Karlsbad aber nicht nur das berühmte Wasser in der Sprudelhalle getrunken wurde, mag ein Bildnis der hochbepackten Milchfrau um 1880 verdeutlichen. – Wenn man sich in der Pferdekutsche auch individueller von einer Anwendung zur anderen fördern lassen konnte, ein Pferde-Omnibus zu Beginn des Jahrhunderts brachte die Kurgäste genauso gut von einem Ort zum anderen.

Sprudelmädchen, noble Kurgäste und in der Mitte der weltberühmte Sprudelspringer.

Marienbad mit seinen Grünanlagen und mit seiner beruhigenden Atmosphäre war, wie manche behaupten, an Eleganz nicht zu übertreffen. Auf dem Bilde sieht man die Waldquelle.

Kurplatz und Franzensquelle bilden ein beschauliches Interieur in einer regelmäßigen Stadtanlage. Ganz Franzensbad war für seine Kurgäste da.

Am Fuße des Borschen liegt Bilin mit seinem heilsamen Sauerbrunnen, der bei Atmungs- und Nierenleiden helfen soll.

Die Kunstblumenerzeugung im nordböhmischen Niederland hatte in der Gemeinde Hilgersdorf einen Schwerpunkt. Die Festwagen bei Heimatfesten waren deshalb gleichsam zum Wahrzeichen reichlich mit Blumen geschmückt, die nicht welkten.

Wenn es eine Hochzeit im Dorfe gab, prangte das Hochzeitshaus mehrere Tage ganz groß im Blütenschmuck.

Es mag ein nostalgischer Wunschtraum sein, doch manchmal habe ich Sehnsucht nach dem Anschlag der Klingel an der Ladentüre und nach dem Geruch dieser kleinen Läden, in denen die Waren noch unverpackt dastanden, um einzeln in Papier-Stanitzeln abgewogen zu werden. Oben eine Bäckerei in Podersam und ein Haus mit verschiedenartigen Niederlagen in Prachatitz. An der Bude in Schluckenau, die zugleich Trafik war, konnte man auch einen kleinen Imbiß einnehmen. Der mobile Händler Sperlich in Schönlinde nannte sein Gefrorenes schon recht reichsdeutsch Eis.

Zeitgemäß modern war in den 20er Jahren dieses Kaufhaus, in dem es nebeneinander Kolonialwaren und Kleiderstoffe gab. Freilich mußte man da zur Repräsentation schon zwei Türen haben. Unerreicht solide waren Ausstattung und Warenangebot auch in dem Reichenberger Delikatessengeschäft.

Wer die verschiedenen Stammeseigenschaften der Sudetendeutschen kennenlernen wollte, hätte nur reihum ihre Märkte besuchen müssen. Oben: Geschirrauslagen am Stöckl und Markttag vor dem Rathaus in Eger. Unten: Marktplatz in Teplitz-Schönau mit schwachem Angebot während des Zweiten Weltkrieges.

Im Angesicht des Domes und rund um den Merkurbrunnen wurde in Brünn der Krautmarkt abgehalten. In Mährisch Schönberg fand der Gemüsemarkt unter der Mariensäule statt. In Iglau boten die Bauern am Ostermarkt Zicklein feil.

In Asch kaufte man für den Küchenbedarf gerne am Goethebrunnen ein, und rechts unten fand eben noch zur altösterreichischen Zeit der Brüxer Wochenmarkt am Minoritenplatz statt.

In Schatzlar gab es zum Dreifaltigkeitsfest einen Jahrmarkt, da kam die ganze Umgebung zusammen. In Staab dürfte hingegen gerade Christkindlmarkt gewesen sein, und auch am Wochenmarkt in Gablonz pulsierte das Leben einer tüchtigen Stadt.

Eine wichtige Lebensader der Sudetendeutschen war die Elbe. Ob mit Kettenschleppschiffen oder Touristendampfern, sie öffnete das Land für den internationalen Handel und freien Verkehr: Oben: die Elbe bei Schöna-Herrnskretschen. In der Mitte: unter der Ruine Schreckenstein bei Aussig.

Im Hafen von Aussig wird die Fracht einer Zille entladen.

In guter alter Zeit reiste man zweispännig mit Kutsche, die in unserem Jahrhundert nur noch für kurze Fahrten zu Ehren kam. Hier sieht man Kutscher und Gefährt des Fabrikanten Klinger in Zeidler in Nordböhmen um 1920. – In Bodenbach konnte man noch um 1930 vor dem Bahnhof sein Taxi wählen, Kalesche oder Automobil. – In Bensen a. d. Polzen stand zu Beginn des Jahrhunderts zum Empfang eines hohen Gastes gar der Bahnvorstand mit gesamtem Personal bereit.

Eine ganze Reihe sudetendeutscher Städte verdankt dem Bergbau seine Gründung, denn im Mittelalter schürfte man in Böhmen nach Gold und Silber. – Die nordwestböhmischen Braunkohlenlager um Brüx – hier sieht man ein Bergwerk aus der Gegend von Dux – wurden seit dem vorigen Jahrhundert im Tagebau abgetragen. Auch nach Steinkohle wurde gegraben, ein Bergmann aus Schatzlar bezeugt dies in seiner Tracht. Aus einem Stolleneingang bei Niklasberg im Erzgebirge kommen eben zwei Bergleute. Hier wurde man seit alters beim Silberabbau fündig.

Einem Überblick über die Arbeitsbereiche der Sudetendeutschen würde gewiß ein wichtiger Aspekt fehlen, wenn man nicht auch die Schwerindustrie erwähnte.
Die Eisenwerke Witkowitz in Mähren (unten und in der Mitte) und die Pilsner Skodawerke mögen als Beispiel hierfür genügen. Im Bild oben sieht man eine Montierungshalle zur Zeit des Ersten Weltkrieges.

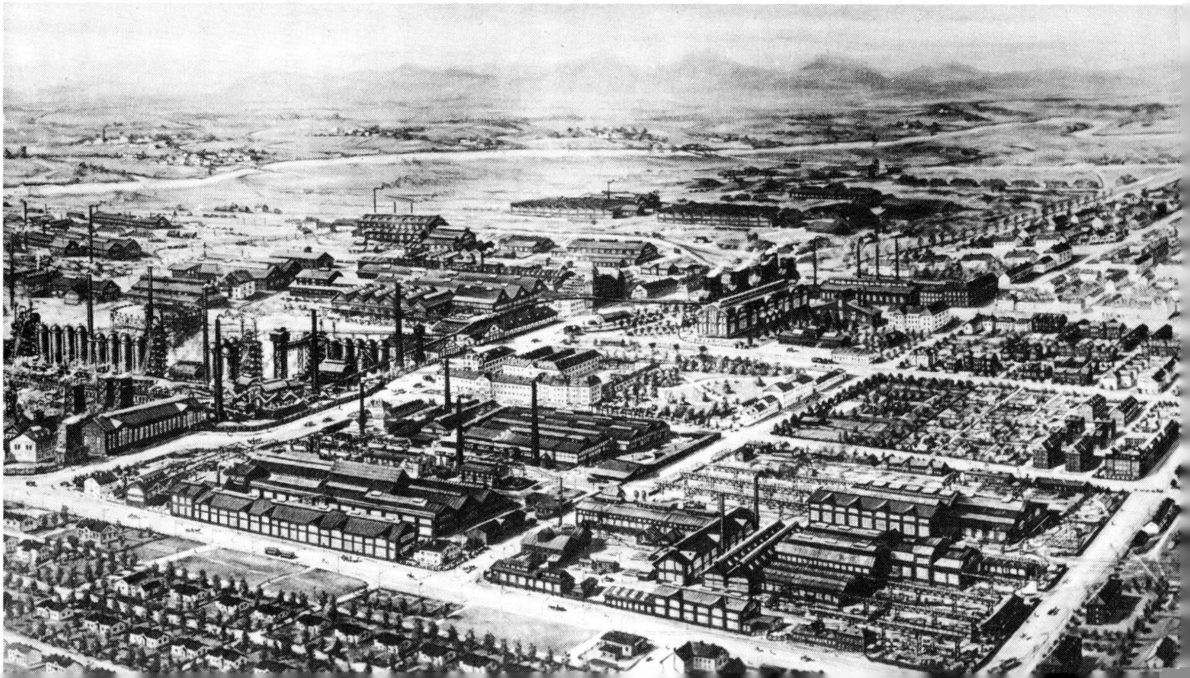

Die Erschließung der Berglandschaften war meist ein schwieriges und mühevolles Unterfangen. So wurde z. B. im Riesengebirge vom Riesengrund zur Schneekoppe eine Wasserleitung gelegt, um die Böhmische und die Schlesische Bergbaude sowie das Observatorium mit Wasser zu versorgen. Die Arbeiten wurden von der Nordböhmischen Wasserbau-Aktiengesellschaft in Aussig durchgeführt. Der Materialtransport ging meist auf dem Rücken von Trägern vor sich. Am 15. September 1914 floß dann in der Böhmischen Baude zum ersten Mal Wasser aus dem Hahn.

ÜBER ERHOLUNG, SPORT UND SPIEL

Wir sagen heute oft, die Leute hätten sich früher viel mehr Zeit gelassen, sie hätten auch viel mehr Zeit gehabt. Und diese selbst nannten das, was wir Heutigen unter Freizeitgestaltung verstehen, kurz und einfach Zeitvertreib. Hatten sie damals wirklich so viel Zeit, daß sie diese vertreiben mußten? Ist dies nicht ein Widerspruch, denn wie wir alle wissen, ist die Wochenarbeit der meisten Leute heute doch sehr viel kürzer und Wochenende und Jahresurlaub sind sehr viel länger geworden? Vielleicht löst sich der Widerspruch darin, daß die Möglichkeiten und das Angebot für die Erholung sehr viel größer geworden sind. Viele wissen deshalb nicht, was sie in ihr zuerst tun sollen. Es hat sich sogar eine eigene Industrie entwickelt, die manchen Leuten ihre Freizeit organisiert. Nun auch die Erholung ist schnellebiger und die Welt ist kleiner geworden. Die Leute kommen heute viel mehr in ihr herum. Dies hat auch seine guten Seiten.

Wie auch immer dies sei, damals, als die Sudetendeutschen noch zu Hause waren, ging es recht viel bescheidener in den Stunden zu, in denen man nicht arbeiten mußte, und diese waren wenige. Autos und Motorräder gab es damals nur in Ausnahmefällen, und das Abendprogramm im Fernsehen ist überhaupt erst eine sehr viel spätere Errungenschaft für unsere Welt. Dies alles wird man sich beim Umblättern der nächsten Seiten wohl vor Augen halten müssen.

Die größte Bedeutung für die Freizeit spielten am Land wohl die Dorfgasthäuser. Hierher kamen Männer und Burschen oft mehrmals in der Woche am Abend und am Sonntag nachmittag, um mit Freunden und Nachbarn zusammenzutreffen, Karten zu spielen und Geselligkeit zu pflegen. Frauen und Mädchen fanden sich meist im Winter in einem der Bauernhäuser zum Spinnen, Federschleißen und zur Unterhaltung zusammen, sie gingen in die "Hutznstuben", wie die Egerländer dies nannten. Die sogenannten Schlenkertage zwischen Weihnachten und Dreikönig waren in der Landwirtschaft die Zeit, in der man es mit der Arbeit am ruhigsten gehen ließ. Die Dienstboten waren bei ihren Familien, und die Bauern mußten sich nur um das Vieh im Stall kümmern. Der Fröhlichkeit der Jugend am Lande war hauptsächlich der Abend vorbehalten. Die Burschen kamen weit in der Gegend zum Fensterln herum, und wenn irgendwo ein Tanz war, gab es wegen der begehrtesten Mädchen meist auch eine schöne Rauferei, an der sich so ziemlich alle beteiligten.

In den Städten dürfte es da wohl etwas anders zugegangen sein, hier boten sich mannigfaltige Möglichkeiten im Vereinsleben, zum körperlichen Ausgleich vor allem in Turnvereinen verschiedenen Couleurs. Besonderer Beliebtheit für die arbeitsfreien Tage erfreute sich seit der Jahrhundertwende das Fahrrad, das die Möglichkeit zu weiteren Touren bot. An Ausflugszielen war die Landschaft überreich, die man von Städten auch gerne in Wanderungen erreichte. Teiche, Seen und Schwimmbäder hatten bereits zu dieser Zeit eine besondere Anziehungskraft.

Das Wort Urlaub war noch recht ungebräuchlich. Städter fuhren allerdings auch damals schon mit ihren Familien aufs Land, auf Sommerfrische – wie es hieß –, meist zu Bekannten oder Verwandten oder in landschaftlich reizvolle Gegenden. Solche wurden schon im vorigen Jahrhundert vom Mährisch-Schlesischen Sudetengebirgsverein, vom Nordböhmischen Exkursionsklub und vom Deutschen Böhmerwaldbund, um nur einige zu nennen, für den Tourismus erschlossen. Die zahlreichen Bauden in den sudetendeutschen Gebirgslandschaften waren im Sommer und im Winter die Stätten, die am ehesten modernen Vorstellungen von sportlicher Freizeitgestaltung entsprachen.

Was man doch so an einem Sonntag alles unternehmen konnte: von Karlsbad aus in den freien Stunden ins Grüne wandern, mit Hund und Familie den Tillenberg besteigen, mit den Freunden in den Radischka-Steinen bei Theusing herumklettern oder bei Schwester und Schwager Polzer in Poslachau bei Olmütz einkehren.

Familienspaziergang in Wald und Flur bei Niemes zu Beginn des Jahrhunderts.

Das Büro der Fa. Zeisler in Aussig hat heute Betriebsausflug.

Sind es Kurgäste oder Marienbaderinnen, denen dieses Konterfei zur Erinnerung an ihr Stelldichein bei dem freundlichen Herrn von Goethe gewidmet wird?

Daß der soeben unter dem Belvedere bei Tetschen auf der Elbe vorbeischwimmende Luxusdampfer faszinieren kann, dafür braucht man kaum bessere Berichterstatter.

Allein für diesen Blick vom Heidebrünnl aus hat sich der lange Aufstieg gelohnt. Auch ein Fußbad am Herrnhausfelsen bei Steinschönau ist an so einem warmen Sommertag eine Erfrischung, die lange in Erinnerung bleibt. Der Jahn-Turnverein in Niemes macht unter dem Prebitschtor erste Station auf seiner Pfingstwanderung 1934 ins Elbsandsteingebirge.

Stilvolle Hausmusik erfreut die ganze Familie; sie setzt aber – wie bei den Geschwistern Wenig in Neuhof bei Schweißing – einen hohen Grad an natürlicher Musikalität und viel Ausdauer beim Üben voraus.

Auch wenn in Nollendorf in Nordböhmen unerwartet Besuch von Bekannten kommt, nimmt man sich für sie gerne Zeit und läßt an Gastlichkeit nichts fehlen.

Daß die Familie in Krummau um die Jahrhundertwende noch selbst das Abendprogramm gestaltete, ging bestimmt nicht auf Kosten der Freizeitqualität.

Gasthäuser hatten eine wichtige Funktion für jedes Dorf. Die Jungbauern in Brettern in Südböhmen pflegten hier Geselligkeit, sie fanden aber auch manche Lösung in wichtigen Gemeindebelangen.

Im Gasthof Kraut in Jansdorf im Schönhengstgau war das ganze Dorf eine Gemeinschaft, auch die Lehrerfamilie Eltschka (im Vordergrund des Bildes) gehörte zu ihr.

Für eine Erfrischung unter schattigen Bäumen war die Eichschänke in Gießhübel an manchen heißen Sommertagen der richtige Platz.

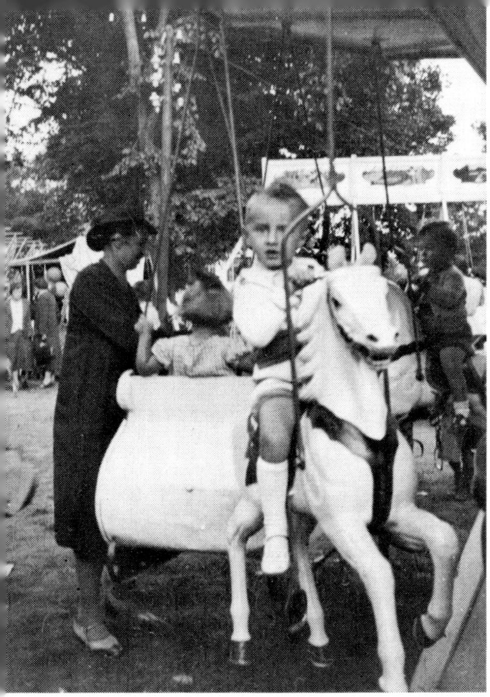

Hinein ins Vergnügen, heißt da die Losung für die jungen Leute. Die einen wollen irgendwo im Egerland unbedingt nochmals eine Runde mit dem Ringelspiel drehen, die anderen können auf dem Volksfestplatz in Grünwald bei Gablonz ihre Lust am Höhenschwung der Schiffschaukeln kaum stillen. Am Jahrmarkt in Schatzlar sind Kinder und Eltern ständig beschäftigt: . . . gebrannte Mandeln, türkischer Honig, Affenbrot, ein Kracherl und zwischendrein eine Karussellfahrt. Und wenn in Marienbad der Zirkus Gleich gastiert, ist erst recht jung und alt auf den Beinen.

Bei jedem Fest in der Gegend von Niemes findet man Schiffschaukel, Schießbude und ein prachtvolles Karussell der Schaustellerfamilie Herrmann aus Kummes wieder. Auf der Vogelwiese in Schönlinde gibt es bei Tingeltangel-Musik ein richtiges Gedränge und eine frohe Stimmung obendrein, und in Rosenberg an der Moldau muß für den Ringelspielzauber jeder Vater schon ein Extra-Taschengeld springen lassen.

Recht weltmännisch konnte sich diese Runde junger Männer im Gasthof zur Post in Oberpolitz beim Billard-Spiel fühlen. Kricket war so recht etwas für die besseren Bürgertöchter in einem Prager Mädchenpensionat. – 1897 hat blauer Dunst in Hilgersdorf zu kultivierter Eintracht und vielleicht auch zu manchem Freizeitspaß verbunden.

Viele spannende Partien gab es im Schachklub in Karbitz.
Die Burschen von Ohrnes in Nordmähren verbrachten den Sonntagnachmittag am liebsten auf der Kegelbahn im Dorfwirtshaus.
Die gesellige Jägerschaft von Radonitz übte sich am 7. August 1927 im Tontaubenschießen.

Auf einem langen Waldspaziergang braucht man Zeitvertreib. Dr. Pilons, Oberlehrer Bukowitz, Bürgermeister Elsdörfer und Johann Schollum aus Holleischen bei Mies nutzen eine Rast dazu.

Nach den Hausaufgaben nichts wie hinaus auf die Nikleser Fußballwiese zum Bolzen!

Wer weiß, wie viele Tore und gewonnene Spiele der DFV-Mährisch Neustadt im Jahre 1934 auf seinem Aufstiegskonto verbuchen konnte?

Sonnenbaden, Schwimmen und Bootfahren im Talsperrenbad bei Reichenberg sind erholsame Sommervergnügen.

In Radonitz ist im Strandbad "beim Teich" gewiß noch niemand ertrunken; aber der junge Mann paßt trotzdem gut auf die Seinen auf.

Die Sommerfrischler von Hohlen bei Böhmisch Leipa sind bei schönem Wetter selbstverständlich am Seeufer.

Segelbootfahrer am Hirschberger See freuen sich über die steife Brise.

Am Langen Teich bei Landskron rudern manche um die Wette.

Bei Sternberg am Schinzel-Teich beginnt 1933 gerade die Sommersaison.

Stocherkahnfahrt auf der Moldau bei der Ziehensackmühle zwischen Ottau und Pötschmühle im Böhmerwald.

Auch an kühlen Tagen haben die Urlauber von Hohlen und von Bürgstein ihr Vergnügen am Schinakelfahren.

Die Bauernburschen von Brettern bei Kaplitz hatten zwar auch Pferde zu Hause, aber am Sonntag bevorzugen sie das neue Fahrrad.

Der Traum der jungen Männer von Mährisch Neustadt war immer eine Tour nach Heidelberg. – In Radonitz machen zu Beginn des Jahrhunderts zwei stolze Stahlroß-Ritter Besuch bei Freunden.

Blumig gab sich der Arbeiter-Fahrradverein zum 1. Mai in Krummau.

Per Pedal begann in unserem Jahrhundert eine neue Zeit. Das Fahrrad war für die Freizeit, aber auch für den täglichen Weg zur Arbeit eine nützliche Anschaffung.

Diwisch Albert rodelt mit seinen beiden wagemutigen Freunden den Waldweg am Nikleser Hof hinab. – Die beiden Schwestern wollen ihre neuen Schlittschuhe am Eisplatz in Radonitz ausprobieren. – Eine ganze Schulklasse verbringt den schulfreien Nachmittag draußen am Abhang vor Schönlinde.

Schon in den 30er Jahren tummelten sich viele Wintersportfreunde auf den Skipisten im Riesengebirge bei der Wiesenbaude (oben links) und bei den Schutzhäusern am Rotenberg im Altvatergebirge (unten). Die jungen Leute aus Augezd in Nordmähren hielten 1934 Hüttenrast auf ihrer Langlauftour bei Altliebe im Kreis Bärn.

Für den Wintersport boten das Riesengebirge und die anderen sudetendeutschen Berglandschaften ideale Voraussetzungen. Im Bild unten die Spindlerbaude im Riesengebirge.

VON DER VIELFALT UND VOM HOHEN WERT SUDETENDEUTSCHEN GEMEINSINNS

Entlang der Grenze zu ihrer Heimat haben Sudetendeutsche im letzten Jahrzehnt mehr Gedenkstätten, kulturelle Einrichtungen, Kirchen und Kapellen geschaffen als in den vorausgehenden drei Jahrzehnten ihrer Vertreibung. Es sind dies sichtbare Zeichen versöhnungsbereiter Verbundenheit mit dem Land, das länger als ein Jahrtausend zwei Völkern Nachbarschaft und Heimat gab. Es sind dies zugleich Stätten ungebrochener Zusammengehörigkeit und eines von persönlichen Einzelopfern getragenen sudetendeutschen Gemeinsinns. Dieser drückt sich auch in mannigfaltigen anderen Formen und bei vielerlei Anlässen aus. Seine Wurzeln gründen tief im böhmisch-mährisch-schlesischen Heimatboden. Der Gemeinsinn, der sonst heute in Form von hochbelobigten Bürgerinitiativen nur außergewöhnlich zum Vorschein kommt, bildete in der Heimat einen notwendigen Bestandteil des Lebens. Die Vielfalt der Vereinigungen und Vereine, in denen er sich formte, kann hier nur angedeutet werden.

Ein besonders breites Fundament hatten kulturelle Bemühungen in der Bevölkerung. Gesangvereine, Musikkapellen, Theatergruppen und Festkomitees boten insgesamt ein Bild frischer Lebendigkeit, die in jedem Ort immer wieder aufs neue erstand. Kirchliche Feiern wollten ebenso wie eine Vielzahl von Jubiläen und Festspielen und wie der Reigen von Orts- und Heimatfesten als gesellschaftliche Höhepunkte gestaltet sein.

Schützenvereine und Feuerwehren hatten ihre Begründung in staatlicher oder kommunaler Vorsorge für die Bevölkerung; aber auch ihnen wohnte das Prinzip der Freiwilligkeit, unvermittelter Selbstlosigkeit und selbstverständlicher Nachbarschaftshilfe inne. Spar- und Darlehenskassen, Lagerhaus- und Konsumgenossenschaften und eine große Palette beruflich gegliederter Vereinigungen hatten ständisches Denken zur Voraussetzung und suchten einen zeitgemäßen Weg gemeinsamer Existenzsicherung.

Als seit der zweiten Hälfte des vorigen Jahrhunderts eine ideologisch und systematisch betriebene nationale Überfremdung für die deutschen Heimatlandschaften immer bedrohlicher wurde, die zugleich den seit Jahrhunderten ansässigen Deutschen ihr Heimatrecht streitig machte, bildeten sich zu deren Abwehr Schutzvereine. Der Deutsche Schulverein und später der Deutsche Kulturverband, der Deutsche Böhmerwaldbund, die Bünde der Deutschen in Südmähren, Nordmähren und Schlesien haben dies ebenso wie der aus ihnen später hervorgegangene Bund der Deutschen in viel Kleinarbeit gegenüber mächtigen tschechischen Vereinigungen auf sich genommen.

Der in der Heimat entwickelte sudetendeutsche Gemeinsinn, der nicht selten im Gegensatz zu staatlichen Bestrebungen stand, hat sich mit seiner Tradition der Vielfalt und in seiner Ausgleichsbereitschaft bis heute erhalten.

Gemeinsinn beruht auf einer Lebenseinstellung, auf der Bereitschaft zum persönlichen Opfer vieler, er beinhaltet die menschliche Fähigkeit des Sich-Aufeinander-Zuordnens, er ist die Grundlage für die Zukunft einer menschlich tragbaren Nachbarschaft. Als hoher abendländischer Wert ist er einer der Bausteine der Charta aller deutschen Heimatvertriebenen vom Jahre 1950.

Die in den meisten Städten Böhmens, Mährens und Schlesiens bestehenden k.u.k. privigilierten bürgerlichen Schützenkorps hatten als freiwillige militärische Vereinigung den Sinn für gesetzliche Ordnung zu pflegen, ihre Mitglieder zu tüchtigen Schützen heranzubilden und bei kirchlichen und patriotischen Feierlichkeiten in Paradeuniform auszurücken. So ungefähr hieß es in ihren Statuten. Im Bild oben das im Jahre 1797 gegründete Schützenkorps in Buchau (Kreis Luditz), das erst 1939 aufgelöst wurde, in Winterausrüstung. Nach 1918 durften die Schützen nicht mehr bewaffnet ausrücken. – Unten: die Jungschützen von Böhmisch Kamnitz im Jahre 1914. Links: die Fahne des Schützenkorps Turn bei Teplitz-Schönau.

Die Freiwilligen Feuerwehren waren nicht nur organisierte Nachbarschaftshilfe für den Notfall. Auf sie verlagerte sich ein Großteil gemeindlichen Selbstverständnisses. Die Freiwillige Feuerwehr in Böhmisch Krummau feierte 1905 ihr 40jähriges Gründungsfest (oben). – Durch Blitzschlag brannte in Linden bei Friedberg das Bauernhaus Pihala ab; an der Brandstättenräumung beteiligten sich viele Nachbarn (Mitte). In der Pötschmühle hielt die Feuerwehr eine ihrer zahlreichen Übungen ab (unten).

Beim Feuerwehrfest in Ohrnes im Schönhengstgau rückt 1932 zum ersten Mal der jüngste Nachwuchs in Uniform aus.

Auch in Johnsdorf-Janowitz bei Römerstadt tragen die kleinen Mädchen 1928 durch ihr Mitwirken zur Verschönerung des Feuerwehrfestes bei.

In Chirles bei Hohenstadt zieht die Feuerwehr 1933 am Ortseingang einem Brautpaar vor.

Langjährige Feuerwehrmitglieder werden 1932 in Theusing geehrt.

Recht dekorationsreich liefen manche Sommer- und Heimatfeste ab.

Oben ein Festwagen der Turnerinnen in Staab 1936, in der Mitte die Besetzung des Festwagens "Es war einmal ein Walzer" beim Heimatfest 1934 in Eula und unten Teilnehmer des Gartenfestes beim Schestauer in Salnau.

Der Deutsche Sängerbund in Staab hat für sein 75. Gründungsjubiläum 1932 viel eingeübt; die Bühnendekoration verspricht ein schönes Fest, an dem alle aus Staab und Umgebung teilnehmen werden. Unten: Der Gesangverein Rosenberg im Böhmerwald im Jahre 1908.

Auf sein 60jähriges Bestehen konnte der Deutsche Männergesangverein Kolleschowitz 1933 zurückblicken, auch er trug zur Erhaltung der deutschen Kultur an der Sprachgrenze bei.

Nach einem Liedernachmittag mit Anton Günther, dem Sänger des Erzgebirges, wurde in Böhmisch Pockau bei Aussig zur Fastenzeit 1933 dieses Erinnerungsfoto gemacht. Anton Günther im Kreis von Pfarrer, Lehrern und ortsansässigen Bauern.

Die berühmte böhmische Blechblasmusik war eine der großen klassischen Gemeinsamkeiten im Lande zunehmender nationaler Differenzierung. Oben: die Stadtkapelle Deutsch Beneschau bei Gratzen mit ihrem Kapellmeister Klentzky; in der Mitte: die Musikkapelle Haslicht (bei Olmütz) im Jahre 1900; unten: die Arbeiterkapelle Bautsch im Jahre 1925.

Mit weichen Klängen verstand ein Gitarren- und Mandolinenklub in Lindenau bei Zwickau um 1926 zu erfreuen, und hartem amerikanischen Jazz hat sich die Band Saxonia in Niemes schon um 1930 verschrieben.

Egerer Sängerknaben 1937 in Tachau.

Die Aufführungen zahlloser Theatergruppen und Dilettantenvereine gaben sowohl Zeugnis von vitalen Gemeinschaften wie von einem breiten kulturellen Bemühen im Lande. Oben: die Prinzengarde aus einem Märchen, das 1928 in der Pötschmühle bei Krummau aufgeführt wurde. Den "Gestiefelten Kater" hat 1932 die Bürgerschule in Mährisch Neustadt dramaturgisch nacherzählt. In Chirles im Schönhengstgau spielte eine Theatergruppe das historische Stück vom "Roten Jörg", und in Pernek bei Oberplan gab man das Lustspiel "Trauringl" zum besten.

Zu Weihnachten 1910 spielte der Deutsche Theaterverein in Böhmisch Kamnitz das Stück "Christbaums Wanderschaft" (oben), und zu Silvester 1930 führte die Theaterriege des Deutschen Turnvereins in Niemes eine Operette auf (unten).

Die Geschichte der Burg Pfraumberg in Westböhmen gab 1925 zu deren 1000-Jahrfeier die Vorlage für ein Festspiel, das im Burghof aufgeführt wurde. Wallensteinfestspiele wurden in Friedland im Isergebirge (Mitte) und in Eger (unten) unter Einbeziehung vieler Einwohner mit großem Aufwand an historischer Kleiderpracht veranstaltet.

Ein besonderes Erlebnis für Festspielfreunde waren die Aufführungen des Stückes "Jedermann" vor der Kulisse der Haindorfer Wallfahrtskirche im Jahre 1931. – Bei einem Ausflug ins nahegelegene Bad Liebwerda erkennt man am Brunnenplatz unter den Schauspielern (im Vordergrund v. l. n. r.) den Patronatsherrn der Festspiele, Prinz Auersperg, die Schauspielerin Hedwig Bleibtreu und in weißem Anzug Intendant Theo Modes.

Seit 1770 wurde turnusmäßig von der Niemeser Bevölkerung das Leiden Christi im Spiel nachempfunden (oben). Aber auch in Freiwaldau wurde in der Fastenzeit 1914 und im Jahre 1920 ein Passionsspiel aufgeführt (unten).

Der bedeutendste Passionsspielort der Sudetendeutschen war Höritz im Böhmerwald. Das Spiel wurde von den Bewohnern lange tradiert, bis 1816 sein Text zum ersten Male aufgeschrieben wurde. Um die Erhaltung des Spiels haben sich der Historiker Prof. Valentin Schmidt aus dem Stift Hohenfurth und der Deutsche Böhmerwaldbund verdient gemacht, mit dessen Hilfe 1893 ein Passionsspielhaus errichtet wurde.

Festgottesdienst beim 30jährigen Gründungsfest der Feuerwehr in Mantau bei Chotieschau im Egerland 1931.

Die festgefügteste Gemeinschaft der Sudetendeutschen in der Heimat war die Kirche, die volksnahe und zum Teil besonders geprägte Ausdrucksformen gefunden hatte, die tief in der Bevölkerung verwurzelt waren. Kirchliche Feste waren so zugleich hohe Tage des Gemeinschaftsbewußtseins. Zu diesen zählten auch festliche Anlässe, wie z. B. die Einweihung der erweiterten Pfarrkirche in Altendorf im Kreis Römerstadt, zu der Patronatsherr Franz Graf von Harrach (vorne links) und Bischof Schinzel aus Olmütz gekommen waren, die Gründung einer Jungfrauenkongregation 1922 in Nixdorf oder eine Christophorusfeier 1935 in Deutsch Beneschau in Südböhmen.

Auch der Primiztag, an dem ein neugeweihter Priester zum ersten Male mit seiner Heimatgemeinde den Gottesdienst zelebrierte, galt als außergewöhnlich hoher Festtag der jeweiligen Pfarrei: Oben ein Primizfestzug in Schluckau; in der Mitte: ein Primiziant mit Kranzjungfern in

Niemes; unten: ein Dekanatstreffen 1943 in Saaz. Unter den Geistlichen erkennt man den Guardian des Kapuzinerklosters in Saaz (rechts vorne sitzend), der 1945 von Tschechen bei der Austreibung der männlichen Bevölkerung aus Saaz auf dem Weg nach Postelberg ermordet wurde.

Nach dem Ersten Weltkrieg wurden den Gefallenen zahllose Kriegerdenkmäler errichtet, eines der ersten wohl in Haslich bei Olmütz im Jahre 1920. Auch für die am 4. März 1919 ermordeten 17 in Sternberg friedlich demonstrierenden Sudetendeutschen wurde eine Gedenkstätte eingeweiht (Bild in der Mitte).

Kriegerdenkmäler in Mährisch Neustadt, Theusing und Frankstadt

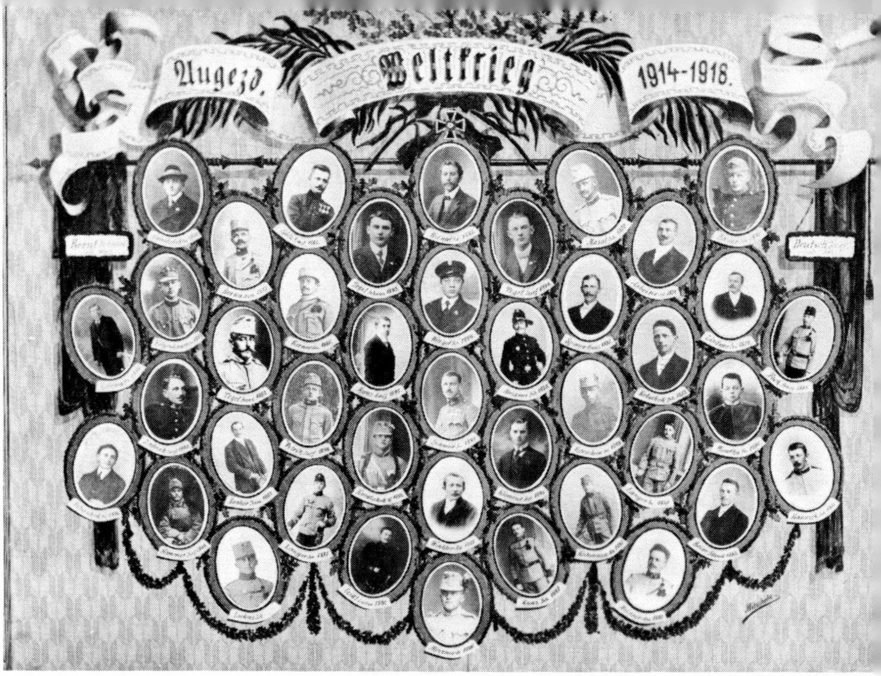

Groß war der Blutzoll, der den sudetendeutschen Familien und Gemeinden im Ersten Weltkrieg abgefordert worden war. Die Gemeinde Augezd in Nordmähren wollte ihre Gefallenen in einer Erinnerungskarte im allgemeinen Gedächtnis behalten. Auch der schon vor der Jahrhundertwende gegründete Veteranenverein von Tschoschl im Erzgebirge hat den gefallenen Kameraden ein Denkmal errichtet. In Lindenau bei Zwickau feierte der Verein gedienter Soldaten 1933 sein 40. Gründungsfest mit einer Feldmesse.

Aus den völkischen deutsch-österreichischen Turnvereinen, soweit sie ihren Sitz in der tschechischen Republik hatten, wurde 1919 der Deutsche Turnverein gegründet; er hatte um 1930 in mehr als 1.000 Vereinen etwa 100.000 Mitglieder. – Oben links: das Jahndenkmal des Turnvereins in Staab; rechts spielt Turner Messler in Niemes für einen guten Zweck mit dem Leierkasten auf; unten: ein Gauturntreffen in Asch.

Die Aktiven des Deutschen Turnvereins in Wiesengrund-Dobrzan im Jahre 1936 (oben), Jungturner in Radonitz mit ihrem Vorturner Franz Kohl (Mitte) und die zu Beginn des Jahrhunderts erbaute Turnhalle in Leitmeritz.

Nicht nur alte Studentenherrlichkeit, sondern Gemeinschaftsbewußtsein, das für jeden Beteiligten auf Lebenszeit angelegt war, und die Werte Ehre, Freiheit, Vaterland sollten den Burschenschaften und Studentenverbindungen innewohnen. Oben: eine Mensur im Jahre 1884 in Prag und unten links: Prager Arminen um die Jahrhundertwende; unten rechts: die Ferialverbindung "Alemannia" in Radonitz bei Kaaden.

Die Adelphia 1932 in Böhmisch Leipa

Mit der Fiedel auf dem Nacken,
Mit dem Käppel in der Hand,
Ziehn wir Prager Musikanten
Durch das weite Christenland.
Unser Schutzpatron im Himmel
Heißt der heil'ge Nepomuk,
Steht mit seinem Sternenkränzel
Mitten auf der Prager Bruck.
Als ich da vorbeigegangen,
Hab' ich Reverenz gemacht,
Ein Gebet ihm aus dem Kopfe
Recht bedächtig dargebracht.
(Wilhelm Müller, 1794 – 1827)

Ein Landesvater deutscher Studenten um die Jahrhundertwende, ein von Prager Burschenschaften und farbentragenden Verbindungen gebildeter Ausschuß.

In Zwickau gab es 1926 ein überbündisches Jugendtreffen. Der Sudetendeutschen Jugendgemeinschaft hatten sich bis zum Jahre 1930 als Dachorganisation 26 Jugendbünde angeschlossen. Lagerfeuer, Zelten und Wandern waren ihnen gemeinsam.

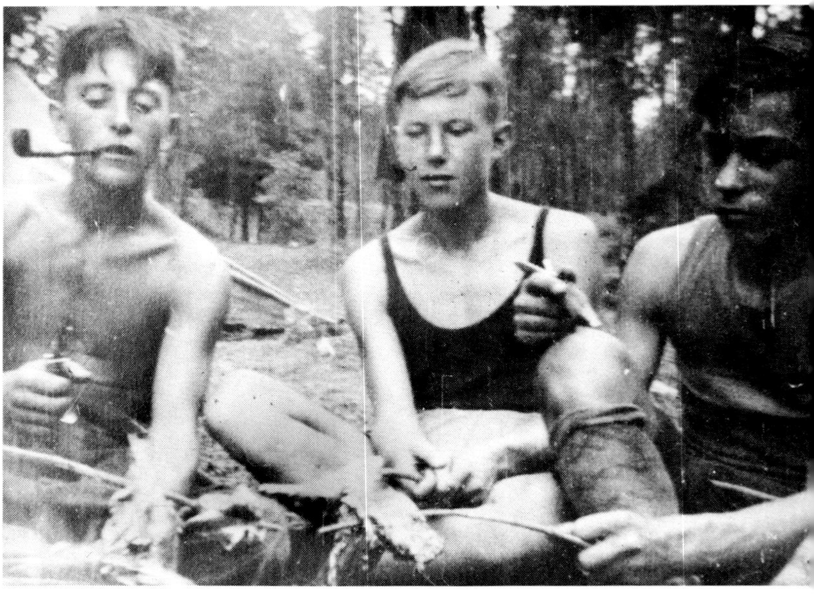

Wandervogel, Pfadfinder, Staffelstein und Quickborn sangen am Marktplatz der Stadt Mies 1931 gemeinsam zu deren 800-Jahrfeier.

In Schulungswochen in Eleonorenhain hat der Bund der Deutschen Landjugend seinen Gruppen im Böhmerwald und in Westböhmen Prägung und Gemeinschaft verliehen (oben). Die Landjugendgruppe in Deutsch Reichenau bei Friedberg beging 1936 ein eigenes Fest (Bild in der Mitte).

Der im Jahre 1894 gegründete Bund der Deutschen in Böhmen – hier ist die Osrtsgruppe Dürchel im Kreis Dauba 1932 abgebildet – war einer der großen Schutzverbände der Sudetendeutschen, die die nationale Selbsterhaltung des gefährdeten Deutschtums in der Heimat auf ihr Panier geschrieben hatten.

ZUM AUTOR DIESES BUCHES

Alois Harasko, geboren 1936 in Brettern (Böhmerwald); studierte Geschichte, Theologie und historische Hilfswissenschaften in Tübingen, Freiburg i. Br. und München; seit 1970 Mitarbeiter des Sudetendeutschen Archivs (8000 München 80, Hochstr. 8), in diesem Leiter des Sudetendeutschen Bildarchivs, Geschäftsführer der Arbeitsgemeinschaft für kulturelle Heimatsammlungen und Schriftleiter einer Fachzeitschrift für Archive, Museen und Heimatpflege.

BILDER STELLTEN ZUR VERFÜGUNG:

Josef Antel, Groß Gerau; – Ing. grad. Josef Bannert, Petersberg; – Anna Bier, Fritzlar; – Johann Binder, Halver; – Emil Böhm, Hohenwestedt; – Böhmerwaldmuseum, Passau; – Rudolf Böhnel, Rosenheim; – Natalie Brenner, Herrieden; – Grete David, München; – Anton Deibl, Bodenkirchen; – Prof. Josef Dichtl, Neukirchen a.I.; – Marianne Dischinger, Kelsterbach; – Elisabeth Ebel, Lüneburg; – Gerda Eckert, Tutzing; – Dr. Erhard Endisch, Wertingen; – Rupert Essl, Unterhaching; – Valeria Federsel, Tübingen; – Helene Fleischer, Schwandorf; – Marie Frank, Mannheim; – Herbert Geisler, Ringelheim; – Theresia Glaubitz, Öhringen; – Marie Gröning, Burladingen; – Rudolf Grünes, Remchingen; – Minna Haase, Brietlingen; – Ing. Ludwig Hansel, Passau; – F. Hanslik, Reutlingen.
– Wilhelm Haupt, Hamburg; – Siegfried Hausner, Weißenhorn; – Johann Hehenberger, Geboltskirchen; – Josef Heider, Rimsting; – Heimatkundlicher Verein für Südböhmen, München; – Heimatsammlung der Stadt Winterberg, Freyung; – Wilhelm Heinz, Kemnath-Stadt; – Siegfried Hentschel, Luzern; – Relly Höltzel, Vichtenstein; – Josef Hofmann, Ober-Remstadt; – Herta Huber, Martinszell; – Franz Janda sen., Hauzenberg; – E. Jenatschke, Langen; – Peter Joachimsthaler, Issum; – Hans Jordan, Trebur; – Hermann Jump, München; – Guenther Kahabka's, Friedberg/Hessen; – Nelly Kainzbauer, Enns; – Rudolf Kammel, Rietlingen; – Marianne Kappe, Maria Enzersdorf am Gebirg; – Inge Katzmaier, Bad Urach; – Alois Klement, Pöcking; – Johann Franz Klentzky, Seeheim-Jugenheim; – Erhard Josef Knobloch, Freising; – Karl Kolb, Zeil a. M.; – Marie Kolmer, Creußen; – Karl Komar, Onstmettingen; – Walter Kopp, Kelkheim/Ts.; – Anna Korn, Bad Nauheim; – Gertrud Kramer, Nürnberg; – Johann Kraus, Idar-Oberstein; – Alfred Kretschmer, Plochingen; – Berta Kretschmer, Obertraubling; – Hans Krug, Eichgraben; – Josef Langhans, Immenstadt; – Julius Lencik, München; – Julia Lindenthal, Frankfurt a. M.; – Hermine Lindner, Ruhpolding; – Karl Lintner, Bamberg; – W. Lukacs, Brebach-Fechingen; – Elfriede Mahnig, Meckenheim; – Katharina Maier-Ladenburger, Tübingen; – Frieda Maierhofer, Geisenhausen; – S. Thaddua Dr. Hermine Malkiowetz OSU, Düren; – Edgar Michel, Monreal; – Gabriele Milde, Egenhausen; – Pepi Morbitzer, Linz/Donau; – Johann Nowak, Planegg; – Maria Olbrich, Obertraubling; – Pauline Pangerl, Kronsdorf; – Franz Pany, München; – Johann Pawlik, Steinebach; – Marta Petrak, Ulm; – Maria Pfrogner, Dombühl; – Hans Pietschmann, Bad Homburg; – Siegfried Poche, Frankfurt a. M.; – Anni Pohl, Euskirchen; – Wenzel Pohl, Neuburg/Donau; – Dipl. Ing. W. Prochaska, Pfaffenhofen/Glonn; – Mathilde Prokopetz, Waldsassen; – J. Jazinta Raab, Künzig; – Franz Reinert, Ober-Ramstadt; – Gerhard Riedel, Augsburg; – Reinhard Roland, Kühbach; – Margarete Schaffer, Hof; – Fritz Scheibelberger, Pasching; – Karlheinz Schicketanz, Hamburg; – Johann Schinko, Neu-Ulm-Ludwigsfeld; – Josef Schmied, Kulmbach; – Gertrud Schöllhammer, München; – Ernst Schönfeld, Bröckel; – Hilde Schollum, Tüssling; – Franz Scholte, Krailling; – Johanna Schwamberger, Fürth-Stadeln; – Hedwig Sellmann, München; – Anna Siegmund, Chieming; – Alois Stich, Holzheim; – Wenzel Stiepan, Oberhausen; – Arno Stöhr, Runkel; – Sudetendeutsche Landsmannschaft, Berlin; – Sudetendeutsches Archiv, München; – Alfred Sykora, Karlsbad/Baden; – Anni Tannert, Limburg; – Gertraud Tietz, Tuttlingen; – Dorothea Usche, Euskirchen; – Erni Vehse, Bonn-Bad-Godesberg; – Aloisia Wagner, Hünfeld; – Alfred Watzl, Püchersreuth; – Ernst Werner, Erdmannhausen; – Walter Werner, Magstadt; – Hermann Wiesner, Hilter; – Richard Frietz Winkelmann, Marktoberdorf; – Maria Wolf, Landeck; – Odo Wurtinger-Perner, Offenbach; – Margarete Zipf, Grasbrunn.

Es wurden Aufnahmen von folgenden Berufsfotografen verwendet:
Hellmut Hell, Tübingen (Seite 129); – Emil Krömer, Steinschönau (Seite 144); – Max Löhrich, Gröbenzell (Seiten 145, 148); – Foto Neubauer, Wien (Seite 32) ; – Max Nowak, Leipzig (Seiten 95, 117, 124 – 126, 135, 136, 154, 168); – Franz Seidel, Krummau (Seiten 8, 9).